CJ KAUFMANN

ALLEIN ZWISCHEN WELTEN

BIOGRAFIE 2

Zum Autoren CJ Kaufmann

Schweizer, mit deutschen Wurzeln,
der mit bürgerlichem Namen
Christian J. Kaufmann heißt,
wurde 25.06.1990 nach seiner
Zwillingsschwester, in Frauenfeld TG, in der
Schweiz geboren,
als drittes Kind einer Bauernfamilie.
Er wuchs bis zu seinem zehnten Lebensjahr
bei seiner Familie in Dussnang TG auf und
danach sechs Jahre in einem Heim in
Fischingen TG,
wo er auch zur Schule ging.

Im Alter von 26 Jahren schrieb er sein erstes
Buch "Chilberg - meine Kindheit",
eine Biografie über seine Kindheit im Heim.
Christian ist Onkel von vier Kindern.

Wohnhaft ist er in seiner Wahlheimat Wil SG,
sein
Heimatort ist Grindelwald im Berner
Oberland.

Seine Bücher

- Chilberg - Meine Kindheit (Biografie Teil 1)
- Zwischen den Fronten - Kein Ausweg
(Thriller) Auch als Hörbuch Verfügbar

Label

**ChrizzAlive© ist Herausgeber seiner Bücher
Inhaber des Labels ist Cj Kaufmann**

ChrizzAlive© ist Tätig in

Book & Movie

**Instagram Cj_kaufmann_Official
Youtube   ChrizzAlive**

Autorenwebsite
https://chrizzalive.jimdo.com/

Mentor

René Mühlethaler

Lektorat

René Mühlethaler

Zum Buch

„Nun habe ich schon meine zweite Biografie geschrieben, dabei bin ich letztes Jahr erst 30 Jahre alt geworden.

Nun ja, es muss raus, meine Gedanken, mein Werdegang von der Lehre bis zur eigene Wohnung, von Alter 16 bis 20 Jahre. Durch sehr prägende Ereignisse, die mich vor fast unmögliche Hürden und mein Leben als 16-Jährigen völlig auf den Kopf stellte, da musste ich durch.

Lest meinen Bericht.

Ich wähle von nun an bewusst die Kleinschrift als Stilmittel.

hallo dieses buch erzählt die geschichte, meiner turbulenten zeit als teenager. von ereignissen, die mich bis heute prägen und ich als teenager alleine damit klarkommen musste und die mich mit meiner kindheit konfrontierten.

die biografie beginnt nach den sommerferien.

früh morgen, die sonne schien in mein zimmer. ich war jedoch schon wach, kam gerade vom duschen in mein zimmer gelaufen. vor fünf wochen hatte ich meine schule endlich beendet.

ich erinnerte mich zurück an die juni woche von 03.06.06 bis 10.06.06, ich wurde von der wohngemeinschaft wilma eingeladen bei ihrem lager dabei zu sein. zu diesem zeitpunkt war ich noch nicht in der lehre oder in der wg wilma, aber um mich besser kennenzulernen luden sie mich nach ravensburg ein. ich war zu diesen zeitpunkt 15 jahre alt, ich muss ehrlich sein, ich kannte ravensburg nur von puzzles. es war mir aber eine ehre, als gast dabei zu sein, als (noch) kind. wir kamen also an. die stadt gefiel mir, wir waren vorab dabei, die stadt zu erkunden. Oh, habe ich schon geschrieben, dass meine haare blond waren? Nicht? na dann, ich lies als gag zum schulabschluss, meine haare blond färben, ganz zum missfallen meiner mutter, aber zur belustigung meines Bruders.

aber keiner kannte den wahren grund, wieso ich dies tat. klar zum schulabschluss, ich hatte mir als kind immer blonde haare gewünscht, als kind hatte ich zu blonden kindern immer besseren und schnelleren kontakt als zu anderen, und das ist fakt und jetzt bitte nicht falsch verstehen, aber bei jungs sah es mega süss aus - darf man dies schreiben? oha mal schauen, aber zurück zu ravensburg. also, als wir ankamen, im lager - äh schloss, ja richtig gelesen ein schloss, wie geil war das den? ich mag schlösser über alles, hat vermutlich mit meinen deutschen wurzeln zu tun. meine deutschen wurzeln stammen von „von kottwitz" heimatort freiburg im breisgau, einem adelsgeschlecht. leider wurde der titel „von" verkauft, aber egal ob mit „von" oder ohne, das blaue blut bleib. zu 25 % bin ich adelig. aber nein - reichtum besitze ich keinen, aber die 25 % fühlen sich gerade wohl. ich bezog mein zimmer. ich bekam ein einzelzimmer. in diesem schloss waren auch andere gäste, also familien mit kindern. tags waren wir spazieren, wandern - oh und im ravensburger spieleland, logo – das gehörte dazu. doch am zweitletzten tag sollte mich erstmals ein richtiger schlag treffen, der mich total verwirrte. wir sassen am mittagstisch, ein bisschen weiter vorne, vis à vis von mir war ein weiterer tisch. da sassen drei jungs. es gab spaghetti. als ich so beim essen war, schaute ich immer wieder zu den jungs, weil ich beim essen immer gerade aus schaute, konnte ich es nicht vermeiden, dass ich sie anschaute. ich wollte dies nicht, aber konnte mich dem ganzen nicht entziehen. immer wieder schaute ich automatisch. mir war dies peinlich. dann plötzlich, als ich wieder hinschaute, schauten mich die drei jungs (sie sassen nebeneinander) gleichzeitig an. alle drei schauten mir direkt in die augen. ich konnte nicht wegschauen. ich wollte, aber es ging nicht. ich sah nur sie. was hat das zu bedeuten? in mir steig mein puls in die höhe. ich kann das gefühl nicht beschreiben, wie wenn einem der blitz trifft, ein gefühl so stark, ich bekam gänsehaut. spürte tiefe trauer und schmerz. ich sah diese jungs auf einmal nicht mehr. was mich aber verwirrte, kommt erst noch und jetzt wird es creepy. ich fragte bei der reception nach, zu welcher familie die drei jungs gehören. ich konnte sie gut beschreiben, sie konnte mir den namen der jungs geben und auch deren familienamen. es waren brüder. aber sie sagte mir, dass sie schon vor zwei tagen abgereist seien. ich wurde kreidebleich. oh mein gott, ich musste mich setzten, wie kann dies sein? ich sah die jungs deutlich vor mir. aber warum sahen sie mir alle gleichzeitig in meine augen. wollten sie mir etwas sagen? wenn ja - was? und dann diese trauer und schmerz. bis heute kann ich mir das nicht erklären, waren sie geister? nein - sowas gibt es doch nicht oder doch? noch heute weiss ich wie diese jungs ausgesehen haben, das hat sich so in mein gehirn eingebrannt, denn es war nicht das erste mal, dass mir sowas passiert ist. ich

kenn es schon aus meiner kindheit. aber dies war heftiger, ich brauchte ein moment und so ging ich spazieren, da muss es doch eine logische erklärung geben. vielleicht sehen andere kinder genau so aus. ich meine, kann ja sein. aber wusste die frau an der reception genau, welche ich meine? sie wusste auch welchen tisch ich meinte, denn alle hatten ihren festen tisch. alles war so verwirrend. ich war etwa eine Stunde unterwegs. mir wäre echt lieber, wenn solche dinge nicht passierten und mein leben sich endlich der normalität zuwenden würde. aber wenn jemand mir da weiterhelfen kann, darf er sich gerne melden, denn dies geschah mir wie gesagt nicht zum ersten mal. die woche war eine schöne zeit. ich konnte mich an die anderen und an die leiter gewöhnen. ich hatte auch noch geburtstag
und wurde 16 jahre alt.
ach ja, ich war noch in weggis mit einem leiter der wg und sah die brasilianische fussball- nationalmannschaft mit den stars

wie kaka oder ronaldinho auf dem platz und der fuhr nach dem training mit seinem auto an mir vorbei. was für ein geiler moment. ich war schon ein fanboy.

doch zurück zur gegenwart. ich stehe da zwar mit einer lehrstelle – sicher, aber gute stimmung wollte doch keine aufkommen. noch zu frisch waren die wunden der schule, dazu kommt noch, dass ich schon wieder weg von zuhause gehen werde, in eine wg nach flawil. und diesmal auch über die wochenenden und ferien. ach ja ferien kommt mir plötzlich in den sinn, ich hab nicht mehr 13 wochen ferien, wie dies in der schule der fall war... shit! mann - dachte ich mir, als ich meine sachen packte, die ich von der schule und zuhause habe und jetzt in die wg mitnahm, ganz ehrlich, viel war es nicht, ein paar kleider, meinen laptop, denn ich mir von meinem konfirmandengeld gekauft habe, nichts grosses, aber er reicht für mich, und ganz wichtig ein foto von michel, dies hab ich von der familie agosti bekommen. so hatte ich meine sachen alle zusammen.

nein, meine eltern rufen nicht. ehrlich gesagt war mein verhältnis zu meinen eltern damals nicht gerade das beste. viel war passiert, versteht mich nicht falsch, sie waren gute eltern, aber dadurch, dass ich unter der woche im heim war, wurde ich teilweise im heim auch anders erzogen, und mit der zeit, hab ich mich von meinen eltern, ohne dass ich es wollte, schon entfernt. nicht ganz, nur halb ich wohnte halt nicht mehr so zuhause wie meine geschwister, die dadurch ein anderes verhältnis zu den eltern haben als ich, da ich so viel woanders schlafe. ich war ihnen nicht böse oder sowas, dass ich ins heim kam, aber die zeit von 10 bis 16 ist so prägend für ein kind bzw. jugendlichen, so viele einflüsse, andere umgebung usw. ich liebte meine eltern, aber es gab wirklich zeiten, da hatte ich das gefühl, nicht ihr sohn zu sein. da können sie nicht mal viel dafür, ich war halt schon immer eigens, stand früh auf eigenen beinen. im heim musste man sich wehren können, so musste ich mich früh behaupten, ging früh meinen weg und ja, ich liess mir auch wenig sagen. mit 16 und voll in der pubertät sowieso. aber idole waren immer andere nur nicht meine eltern. ich weiss auch nicht warum. trotzt allem waren mir meine eltern heilig. ich wollte immer, dass es ihnen gut geht, denn ich weiss auch, dass es mit mir als kind auch nicht einfach war. heute ist vieles anders, aber das war ein langer weg. rückblickend bin ich für alles dankbar.

ich blickte in mein zimmer in der tannegg zurück. ach ja, jetzt mit 16 ist es schon recht anders. was aber gleich ist, dass mich meine eltern nach flawil bringen, weil es mit der fahrprüfung bei mir so eine sache ist, die für Traktor habe ich abgebrochen und die für den roller hat mich gar nicht interessiert. was aber keiner bis jetzt wusste ist, dass ich lernte, aber sie trotzdem nicht machte, und traktor? naja, ich konnte traktor fahren, sogar ziemlich gut. ich fuhr schon mit sieben jahren traktor. man stelle sich vor, ich hätte die prüfung gemacht, an dem lag es einfach nicht, aber ich hab es abgebrochen, weil ich es mir nicht zutraute, dass ich sie bestehe. so war ich im auto, mit dem wissen, dass ich jetzt in eine völlig neue welt gehen werde. weg von chilberg, weg von dussnang, vor allem weg vom kanton thurgau, hin nach flawil, meinem neuen zuhause, hin nach uzwil, meiner lehrstelle und hin zum kanton st.gallen. aber wie mich diese umstände prägen würden, konnte ich zu diesem zeitpunkt nicht abschätzen. allein zwischen welten, vor allem alleine.

es war sonntag, wie könnte es anders sein, als wir nach flawil fuhren. ich war nervös. klar freute ich mich auch, aber trotzdem, ich kannte da niemanden. ja, ich wohnte, während ich schnuppern war, in der wg, die übrigens wilma hieß - nur so nebenbei und sich von chilberg unterschied, wo die kinder keine behinderungen hatten, sondern in dieser schule waren, weil sie zum beispiel adhs hatten wie ich oder eine lernschwäche oder eine dunkle kindheit, hin in eine welt, wo alle älter waren als ich und unter körperlichen einschränkungen litten - und ich? ich kam mit meinen zarten 16 jahren, fast noch ein kind. wie würden sie mich aufnehmen? wie würden die leiter sein? man kann sagen was man will, aber in zwei wochen schnuppern kannst du nicht sehen, wie andere wirklich sind. aber hey - trotzt allem hatte ich eine lehrstelle, viele scheiterten schon daran. wir kamen in flawil an. meine bezugsperson vreni nahm uns in empfang, wie man es halt kennt. ich richtete mir mein neues zimmer ein, wenn ich so darüber nachdenke, wie viele zimmer ich schon hatte, zwei im chilberg (nirwana und feuervogel) sogar zwei unterschiedliche und jetzt dieses in flawil. aber etwas hatte es, was mir sehr gefiel, ich war alleine im zimmer. so hatte ich wenigsten einwenig privatsphäre. ich setzte mich aufs bett; „oh mann, ist das bequem" dachte ich mir. meine augen schweiften so zu den fenstern und dann sah ich es, ich hatte ein eigenes lavabo, so geil! doch, das zimmer ist okay, genug gross und schlicht. im wohnzimmer, also am tisch im wohnzimmer saßen meine eltern mit der leiterin berta und besprachen alles. „na hast du dein zimmer gesehen?", wollte sie wissen. „ja, ist ganz ok.". ich setzte mich dazu. „tagwache ist um 06:00 uhr, frühstück gibt es um 06:20 uhr, der zug fährt am bahnhof um 07:02 uhr und die arbeit beginnt um 07:30 uhr – alles klar?". „oha, ziemlich stressiger zeitplan" sagte ich ganz erschrocken. „ ja christian, jetzt beginnt der ernst des lebens, die schulzeit ist vorbei!". meine laune machte einen tauchgang. aber recht hatte sie. meine eltern gingen. sie brachten mich heute zum letzten mal, fortan würde ich mit dem zug reisen. ich bekam ein generalabonnement, wenn schon keine fahrprüfung, dann wenigsten ein ga. eigentlich dachte ich ja, meine eltern gingen und jetzt? aber ich merkte es in mir, so einfach war es nicht, da war ich also alleine in einer welt, die zwar so vieles neues für mich bereithält, wie lohn und ein stück eigenständigkeit, aber eben alleine. was wohl meine alten schulkameraden machen? der kontakt brach leider ab, nicht weil sie mich nicht leiden konnten, nein weil jetzt halt jeder seinen eigenen weg gehen musste. aber ich wollte die zeit im chilberg verdrängen und in die zukunft schauen. ich lernte die anderen bewohner kennen, die deutlich älter waren als ich. ein vergleich? der jüngste nach mir war gerade 40!! ich hatte also niemanden in der wg, der in meinem alter war. so fehlte mir ein gleichaltriger. wiederum profitierte ich von deren erfahrungen. trotzdem war dies kein umstand, der mich wirklich erfreute. aber damit musste ich wohl oder übel klarkommen. es gab ein willkommens-fest extra für mich. ich freute mich darüber. ich vergaß den stress und genoss den abend. früh morgens, mein erster arbeitstag, der 14.08.06. ich wurde wach, weil mein handy läutete. ich hatte immer noch das nokia 3310. nein, damals gab es noch keine smartphones. bis zu diesem zeitpunkt war mir auch nicht klar, dass dies noch eine wichtige rolle spielen würde. ich ging duschen und danach runter zum frühstück. da war aber nicht berta sondern ein leiter namens martin. danach ab zum bahnhof, den 07:02 uhr zug richtung wil sg erwischen. dies war für mich kein problem. dann stand ich am bahnhof in uzwil. man hat mir zwar alles erklärt, jedoch nicht den weg vom bahnhof zur firma und so kam es, dass ich mit etwas verspätung ankam. so stand ich vor der firma, unsicher was mich erwarten würde. „willkommen christian" sprach mich eine stimme an. ich blicke zur seite, da stand leo, der abteilungsleiter der werkstatt. „danke leo - ja ich freue mich.". er merkte mir meine unsicherheit an und sagte: „du brauchst nicht nervös zu sein, komm, ich zeigt dir deine abteilung.". wir gingen durch die ganze bude in die letzte abteilung. auf dem schild stand „gruppe ausbildung, leiter hans". ich trat ein.

„hans, christian hat es auch noch geschafft.".
ich kannte hans ja schon von der
schnupperzeit und auch die abteilung war mir
eigentlich vertraut, jedoch nicht die anderen
lehrlinge. wir bekamen alle arbeitskleidung,
ein blauer kittel mit einem namensschild.
dann mussten wir uns gegenseitig vorstellen.
so lernte ich die anderen kennen, wie stephen
- meinen oberstift, maik - er fing zur gleichen
zeit an wie ich, und noch ein paar andere. gut
ich kenne keinen, aber das ist ja normal.
danach mussten wir an unsere arbeit gehen,
meine erste arbeit in dieser firma ist
schleifen, also feinschleifen der kanten, so
dass es keine scharfen kanten mehr gibt.
danach senken und bohren. ich kam immer
besser rein. dann am 09:00 uhr war pause. im
flur stand ein kaffee- und ein getränke-
automat, wo mir ein kaffee oder ein anderes
getränk beziehen konnten. es kostete 0.80
rappen oder 1.50 franken. als ich so pause
machte, viel mir auf, wieviele menschen hier
arbeiten und dass es schon eine komplett

neue welt ist. ich atmete tief. „hey, du bist doch christian - oder?". völlig aus den gedanken gerissen, schaute ich nach rechts. es sprach mich ein mann an, circa mitte 40. „ja" sagte ich schüchtern. ich kannte den mann nicht. „brauchst nicht so schüchtern sein, alles ist gut, ich arbeite seit 20 jahren hier und möchte dir alles gute für deine lehre wünschen. so jetzt muss ich auch wieder los. viel spass!". dann ging er wieder. ich stand da und dachte: „ja, langsam komme ich wohl an?". die klingel ertönte und da fiel mir auf, es ist der gleiche ton, wie der in der schule. ich musste schmunzeln. der rest des morgens arbeitete ich mich immer mehr ein bis um 11:45 uhr endlich mittagspause war und wir in der kantine zur mittag aßen. ich bekam einen tisch mit anderen lehrlingen. so verging der erste tag. am feierabend wusste ich den weg, es war kein problem mehr. in der wg angekommen, wollten alle wissen wie mein erster arbeitstag war. „mmh - ja ähm interessant, aber gut?!". so verging der abend, die tage, die wochen. ich war zwar nie alleine, aber ich war alleine. ich war auch ab und zu zuhause, aber da spürte ich auch ziemlich deutlich, dass es nicht so harmonisch lief. meine eltern lebten sich je länger je mehr auseinander.

später ging ich nicht mehr nachhause nach dussnang. just fünf wochen später, als ich alles von der schule so gut es ging verdrängt hatte, flatterte ein brief ins haus. adressiert an mich, weitergeleitet von meinen eltern, ich sah ihn und wusste sofort von wem der brief ist. chilberg - echt jetzt? warum jetzt? da waren sie wieder, die erinnerungen an die zeit, die ich versuchte zu verdrängen, um eine neues leben anzufangen. ich wollte den brief nicht aufmachen. es lief doch alles gut und jetzt sollte ich mich wieder mit alten sachen beschäftigen? nein, ich machte den brief nicht auf und warf ihn auf das pult meines zimmers. ich wüsste jetzt nicht wieso ich diesem noch meine zeit widmen sollte. zwei wochen später gingen wir, alle bewohner der wg zur hps in flawil. da diese auch zum buecherwäldli gehört und die irgendein fest hatten. ich ging etwas widerwillig mit. ich hatte einfach keinen bock, aber ich hatte keine wahl. es waren etwa 20 minuten gehweg. ich trottete etwas hinter der gruppe her. so kam es auch, dass ich erst zwei minuten später bei der schule ankam. ich hatte die adresse bekommen. sie wussten wohl, dass ich mir zeit nehmen würde. ich kam an und auf einem grosse schild lass ich mit erschrecken hps - heilpädagogische schule flawil ...wtf - was soll ich den in dieser schule? warum schleppen die mich hier her? ich ging weiter und da sah ich den grund. auf einem von schülern gemalten schild stand „herzlich willkommen zum herbstfest". ah ok, meine laune wurde auch nicht besser. plötzlich stand ich ganz alleine da. also niemand den ich kannte war dabei, ich ging schüchtern durch den schulhof. am liebsten wäre ich im boden verschwunden. es war ein schmaler weg, links eine wiese und bäume, rechts die schule, die etwas langgezogen wirkte mit einem schrägdach und ziegeln. die eltern begrüßten mich. ich brachte kein wort heraus. die dachten wohl, ich gehe in diese schule. warum auch immer, ich ging durch die türe in den innenraum der anlage. mit suchenden blicken suchte ich meine gruppe, um schutz zu haben unter den vielen fremden leuten. ich war ein ziemlicher schüchterner teenager. „hey du, in welche klasse gehst du?". ich spürte eine hand auf meiner schulter, die schien etwas klein zu sein. mein herz es pochte. mein puls? er war hoch. ich schwitzte. ich schaute den menschen an und brachte kein wort heraus. meine gefühle in meinen bauch spielten verrückt. ich erkannte mich nicht wieder. ich zitterte am ganzen körper. „hey du, ich hab dich etwas gefragt. wird das noch was, oder bist du taubstumm? Du zitterst ja." sagte die person und ging. ich war völlig fertig. was zum teufel ist eben mit mir passiert – wtf. ich wurde von tausenden gefühlen gleichzeitig überrannt. ich sah meine hände an, sie zitterten immer noch. ich erkannte mich nicht wieder. noch nie hatte ich dies gespürt, es fühlte sich sowas von falsch an. gleichzeitig wusste ich auch nicht, was dies für gefühle waren. es fühlte sich warm und schön, aber auch falsch und komisch an. ich brauchte zwei tage um wieder klar zu kommen. aber nichts gelang mir. egal was ich auch machte, ich konnte mich weder konzentrieren noch richtig arbeiten. alles ging schief. ich konnte nur noch an diesen menschen denken.

verdammt, es ging so weit, dass mich mein lehrmeister nachhause schickte. ein wunder, dass ich den weg zur wg fand - kein witz. ich ging ohne ein wort in mein zimmer, legte mich aufs bett, mein Körper, ich erkannte ihn nicht wieder. es rumorte herum, mein bauch hatte tausend gefühle. „so jetzt ist schluss!" sagte ich mir. ich suchte nach einer ablenkung, da sah ich den brief auf dem pult, wo ich ihn vor zwei wochen hingeschmissen hatte." jap!"

dachte ich „das ist perfekt." ich nahm den Brief und obwohl ich wusste, dass der Brief von meiner alten schule war - also vom chilberg - musste ich ihn aufmachen, um mich abzulenken. es stand geschrieben: „lieber ehemaliger schüler der abschlussklassen von 2000 bis 2006, wir möchten euch herzlich zu einem ehemaligen treffen einladen. das treffen findet am 23. august 2007 in der sonderschule chilberg in fischingen statt. über deine Anmeldung würden wir uns sehr freuen. mit freundlichen grüssen, sonderschule chilberg"
„ich wusste es, ich wusste es." sagte ich zu mir. weiter stand „an- und abmelden bitte bis 12.10.06. wir hoffen, euch im august begrüssen zu dürfen." ich wusste nicht so recht, ob ich mich anmelden soll oder nicht. kaum war ich aus der schule, sollte ich für ein treffen wieder zurückgehe? aber es kam doch ein wenig freude auf. so kam es dann auch, dass ich mich angemeldet habe. die nächsten tage verliefen im vergleich ruhig, aber nicht,

dass man denkt es lief alles perfekt. nein, bei weitem nicht. ich kam zwar mit der arbeit und der lehre zurecht, aber je länger je mehr wurde ich aggressiver. es machte mir einfach zu schaffen. ich hatte zwar mittlerweile freunde bei der arbeit und kam auch mit der gruppenleiterin der wg klar, aber der grund, der mir zuschaffen machte, war ein anderer. ich hatte noch nie darüber gesprochen, es nur immer verdrängt und mir eingeredet „das geht mich nichts an" oder „ich komme sowieso damit klar", aber das es mich innerlich zerriß und mir komplett den boden unter den füssen wegzog, konnte ich nicht zugeben. es geht hier nicht darum irgendjemandem die schuld zu geben oder wer wo mehr im recht war, es geht einzig und alleine darum, wie die ganze geschichte für mich war. ich werde es völlig neutral gegenüber den beteiligten beschreiben. zuhause bahnte sich etwas an, was mich innerlich zerriss, und mir fast den glauben an eine zukunft nahm, obwohl ich schon eine leise ahnung davon hatte, aber es nie wahrhaben wollte. war es eine schutzreaktion für mich?

meine eltern, die ich immer für so stark und unantastbar gehalten habe, lebten sich irgendwie auseinander. das erste mal merkte ich es, als ich für ein paar tage zuhause war, sie stritten wieder und darauf schlief ein elternteil im büro. ich bekam das alles mit. als es wieder los ging, flüchtete ich mich in den wald oberhalb der tannegg. ich stellte mir dann immer die frage, bin ich daran schuld? liebten sie sich wegen mir nicht mehr? aus heutiger sicht war es natürlich dumm sowas zu sagen oder gar zu behaupten, aber dazumal meinte ich das wirklich. ich liess mir aber von meinem schmerz nichts anmerken, man sah es mir aber auch nicht an, wie sehr mich das mitnahm. ich konnte es schon als kind nicht leiden wenn jemand traurig ist. ich war schon als kind sensibel. aber als teenager ist man sowieso verwirrt. alles verändern sich, der körper, die gefühlswelt spielt verrückt und man ist unsicher. gut war ich nicht oft im elternhaus, denn es fühlte sich nicht wie ein zuhause an, als ich damals mit 10 ins heim kam, war es ja noch ok, weil es in der gleichen gemeinde war, aber jetzt wo ich in flawil wohnte, anderes dorf und andere kanton, das war schon anders. aber im wald, im wald war ich frei ohne grenzen, ohne streit, kein stress, nur natur und frische luft. ich lief im wald herum, aber das schlechte gefühl, wurde ich einfach nicht los. ich wollte mich besser fühlen, konnte es nicht. wollte mit jemandem sprechen aber mit wem denn? ich wollte es keinem sagen. lieber frass ich es in mich hinein, als dass es jemand erfuhr, auch wegen meiner eltern. aber es würde mich sowieso keiner verstehen. zudem wusste ich da auch nicht wie ernst es war, ich redete mir ein „ach das kommt schon gut, sie vertragen sich wieder.". immer wieder, war es nur ein schutz für mich oder wollte ich es einfach nicht wahrhaben. immer wieder geht mir das gleiche durch den kopf. wieder mal sitze ich zwischen zwei welten, als ich wieder zum elternhaus zurückkam, war es bereits abend. ich nahm meinen rucksack und ging wieder nach flawil. mit im gepäck die ungewissheit wie es ausgehen wird. lassen sie sich scheiden? ein zustand, den ich mir beim besten willen nicht vorstellen konnte. „nein das wird nicht passieren, die doch nicht!" für mich war es selbstverständlich, dass sie verheiratet waren und es auch immer bleiben. ich versuchte es zu vergessen, aber nach wenigen tagen merkte ich, nope, das funktioniert nicht, obwohl über 25 km entfernung zwischen mir und meinem elternhaus lagen, war es für mich unmöglich, dem ganzen zu entkommen, geschweige denn, es zu verdrängen. ich konnte mich nur sehr mühsam auf meine lehre konzentrieren. die vorstellung, dass sie sich scheiden lassen könnten, war für mich einfach so unvorstellbar. aber der streit, der zerriss mich. verdammt ich bin erst 16 jahre alt, nicht mehr kind aber auch noch nicht erwachsen - etwas zwischen zwei welten, verwirrt und alleine. zu allem übel hatte ich wenige tage später im lehrbetrieb mit einem anderen lehrling eine schlägerei. er merkte, dass es mir schlecht ging, ich konnte es auch nicht verstecken und er provozierte mich jedesmal. dass ich aber fünfmal stärker war als er, juckte ihn nicht. ich hatte es immer ausgehalten, bis er dann eines tages meine mutter beleidigte, da war bei mir schluss. man konnte mich beleidigen, kein problem, aber nicht meine familie. ich packte ihn: „jetzt bist du zu weit gegangen.". plötzlich schlug er mich und ich schlug zurück, weiter immer weiter. ich schlug so hart zu, meine ganze wut liess ich raus, bis jemand dazwischenkam. erst da sah ich, was ich angerichtet hatte. der andere lag blutüberströmt am boden – regungslos. mein chef und der lehrmeister kamen dazu und mir war sofort klar, tiefer konnte ich nicht mehr fallen. das war's wohl mit meiner zukunft. ich sah in die gesichter der leute. alle sahen auf mich. ich war ebenfalls blutüberströmt. eine träne viel zu boden. mann, alles war gegen mich und jetzt? und jetzt verliere ich auch noch meine lehrstelle. klar, ich hatte die ehre meiner familie verteidigt, aber zu welchem preis? ich stellte mir selber die frage, war das jetzt wirklich nötig? aber für mich war die familie das größte gut, etwas was man schützte und verteidigte, wenn es sein musste mit den fäusten. so hab ich dazumal gedacht. klar ist es heute nicht anders. gewalt ist keine lösung sondern meistens das problem. „christian - sofort nachhause! und brauchst in den nächsten vier tagen auch nicht mehr zu kommen!". die ansage war klar. als ich in der garderobe das blut abwischte, schaute ich in den spiegel. ich sah in meinen augen die angst. zerfällt jetzt alles? familie, lehre und zukunft? so fuhr ich nach flawil in der festen überzeugung, meine lehre zu verlieren. in der wg wussten sie natürlich schon was passiert war. aber ich mochte nicht reden, bringt ja eh nichts. ich meine, was soll ich denn sagen? ich hätte es gern gemacht, weil er mich provoziert hatte? nein, ich fand es mega scheisse! aber im nach hinein ist man immer schlauer. die vier tage, in denen ich mir gedanken um meine zukunft machte, falls ich überhaupt eine habe, vergingen. am fünften tag musste ich nochmals in die bude, wie ich glaubte, um meine sachen zu holen. ich war da und musste ins büro des chefs. „so christian, kaum in der lehre und schon eine schlägerei, willst du dir wirklich deine zukunft verbauen?". er sah mich fragend an. „ich weiss was ich getan habe und ich bereue es. zum einen, weil ich mir meine zukunft dadurch verbaut habe und zum anderen, weil ich einen menschen verletzt habe." ich schnaufte und sah aus de fenster. es war ein bewölkter tag, es regnete stürmisch, passte ja zu meiner situation. „was heißt denn hier die zukunft verbaut?" äh, ich verstand gar nichts mehr, wollte gerade etwas sagen, da sagte er: „wir werfen dich nicht raus, du bist zu wertvoll, wir sehen in dir viel potenzial. der andere fiel schon vorher negativ auf und versuchte schon andere mitarbeiter in eine schlägerei zu verwickeln, wir haben ihm noch am selben tag fristlos gekündigt. bitte gib mir nie einen grund dir auch zu kündigen!". ich sah plötzlich wieder eine zukunft und doch war dies zu unglaubwürdig. meinte er wirklich mich oder doch jemand anders? „aber ich habe gewalt angewendet und …". „ja das hast du und deswegen ist das auch an bedingungen geknüpft. du wirst eine therapie besuchen. wir hatten schon kontakt zur einer psychiaterin in frauenfeld damit du dein gewaltpotenzial in den griff bekommst. denn ich glaube, du hast sowas nicht nötig, ich glaube auch, dass du ein guter mensch bist. du bekommst eine verwarnung. wir wollen dich nicht einfach fallen lassen. du bist erst 16 jahre alt, hast gerade mit der lehre begonnen. da muss man auch mal ein wenig geduld haben. aber eines muss ich schon sagen, ich habe noch nie einen sechzehnjährigen mit so viel kraft gesehen. ich kannte viele lehrling, aber du bist bis jetzt mit grossem abstand der stärkste und dabei bist du noch keine achtzehn, das ist schon fast unheimlich." ich hörte einfach nur noch zu. therapie – wtf - aber was wäre mir lieber? keine therapie und dafür keine lehrstelle oder eine therapie besuchen und dafür die lehrstelle behalten, aber hatte ich eine wahl? Ich sagte: "ja ist gut, ich werde diese therapie besuchen, auch wenn's mir nicht gerade schmeckt, bin ich doch froh nicht auf der strasse zu stehen." ich willigte ein und hoffte, dadurch kehre endlich ruhe ein. meine eltern wussten nicht, glaube ich, dass ich fast von der lehre geflogen wäre, ich sprach nicht darüber. am sonntagmorgen machte ich mich wieder auf den weg nach flawil. eine woche später musste ich zur ersten therapiestunde nach frauenfeld, meiner geburtsstadt, was mich stolz machte. jedesmal wenn ich in frauenfeld bin, denke ich mir, was für eine schöne stadt. anfangs wollte ich nicht groß reden, ich war zu schüchtern und es war mir auch peinlich. eigentlich wollte ich es ja gar nicht, aber ich hatte keine wahl. in der erste halben stunde lernten wir uns kennen. dann kamen wir auf meine kindheit zu sprechen, ich wusste nicht ob ich es gut oder schlecht fand, über die kindheit zu sprechen. darum sprach ich nur oberflächlich über diese zeit. sie machte mir auch keinen druck. nach einer stunde war es vorbei. gottseidank, dachte ich mir aber ne ne, sie fragte mich, wenn ich nächste woche zeit hätte für einen termin? ich hatte eigentlich nicht im sinn nochmals zu kommen, aber pech, ich musste mindesten zwei jahre zur therapie gehen; „ähm - kein plan, dienstag?" sie nickte. ich fiel in die couch. na super, aber irgendwas in mir sagte mir, ich wäre hier genau richtig, nur weiss ich nicht warum. als ich ging, sah ich im flur ein grosses plakat. ich musste schmunzeln „irgendwann werde ich es ihr sagen" sagte ich zu mir und verlies das gebäude. das dies der beginn einer wunderbaren und großartigen zusammenarbeit war, wusste ich zu diesem zeitpunkt logischerweise noch nicht.

als ich mit der frauenfeld-wil bahn nach wil fuhr, setzte sich ein junge, ich schätzte ihn cirka 10 jährig zu mir. ich dachte mir nichts dabei, aber ich hatte meine kopfhörer nicht dabei. „du bist doch chnuschti von der schule chilberg?!" ich schaute zu ihm. er saß mir gegenüber. ich wunderte mich; „woher kennst du mich und wer bist du eigentlich?".
„ach mein name ist jayden und in der schule sprechen sie von dir, die lehrer und leiter wollen nicht, dass wir von dir sprechen, aber die schule, die du kennst, gibt es nicht mehr, alles hat sich geändert." ich sah ihn mit grossen augen an. ich konnte nichts sagen, doch dann „was ihr sprecht über mich, obwohl ich weg bin? und was meinst du mit die schule gibt es nicht mehr?" er schaute zu boden, er schien traurig zu sein „ich kam letzten sommer in diese schule, da hieß sie noch chilberg und man sprach in den

höchsten tönen von dir, wie inspirierend du warst, aber plötzlich gab es ein neuen gesamtleiter und alles änderte sich. plötzlich durften wir nicht mehr von dir erzählen. du wurdest aus allen gelöscht. alle bilder von dir entfernt und das aller schlimmste, die schule wurde umbenannt in förderschule fischingen.". ich schaute zum fenster. es begann zu regnen. ein tropfen lief über das fenster. nach alldem was wir ehemaligen schüler aufgebaut hatten, die schule zur dieser gemacht was sie ausmachte, zerstört man alles aus dieser zeit und leugnete die tradition und vergangenheit. „das höre ich zum ersten mal und kann es nicht glauben, aber ich glaube dir jayden." es sah so aus, als würde er eine träne wegwischen. „weisst du chnuschti, es hieß sogar das wird die ersten schüler dieser schule sind, sie leugnete einfach alles alte. lehrer und leiter die du kennst, gehen alle und werden durch neue ersetzt. es herrscht kalte stimmung. ich habe anfangs nicht an mich geglaubt, doch als ich deine geschichte hörte, hatte diese mich so stark inspiriert und ich gab mir mühe in der schule und was ich das schlimmste finde, man hat den baum entfernt, den man als andenken von michel nach seinem tod gepflanzt hatte." ich konnte es nicht glauben was der junge mir da erzählte. ich wurde richtig wütend. wie kann er es nur wagen, das denkmal von michel zu zerstören. beim treffen war der baum noch da. wie konnten die auch nur daran denken? in mir kochte es gewaltig, aber ich versuchte ruhig zu bleiben. wir fuhren durch wängi. jayden setzte sich zu mir rüber und legte seinen kopf an meine schulter. ich legte meinen arm über seine schulter. wir kannten uns zwar erst ein paar minuten, aber mir kam es so vor, als würden wir uns schon ewig kennen. der sturm nahm zu. ich wollte wirklich mit dem ganzen zeug abschließen, mit der vergangenheit mit der schule und nur noch vorwärts schauen, aber zum wiederholten mal holte mich die sache ein. „jayden, wie alt bist du eigentlich?" „12 jahre alt. ich bin intern auf der gruppe feuervogel. ich werde immer gemobbt, grundlos. zwischen den internen und externen besteht `ne rivalität und ich stehe zwischen den fronten, weil ich `ne kiste im wald gefunden habe. da hat ein schüler geschrieben, dass er versucht hatte, den krieg zu beenden, es aber nicht geschafft hatte, wieso ist nicht beschrieben. es stand nur kjc - aber ich kenne keinen schüler der so heisst." mir stockte der atem. die kiste wurde gefunden? er jayden? wie war dies möglich? „ chnuschti, kennst du den schüler?" wir fuhren in münchwilen ein. er sah mich mit fragenden blicken an. ich überlegte mir, was genau ich sagen sollte. nie hätte ich gedacht, dass jemals jemand die kiste findet. „ähm – ja, ich kenne ihn flüchtig." jayden wirkte ein wenig enttäuscht, aber was sollte ich ihm schon sagen? wir sprachen noch ein wenig über die schule und über diese rivalität. als wir in wil einfuhren, sagte er: „jetzt heißt es wohl abschied nehmen, das fällt mir immer schwer.

ich muss zurück zum internat." ich nahm jayden in den arm und sprach ihm ins ohr: „nur wer an das gute glaubt und mit sich selber im reinen ist, kann großes erreichen. es war mir eine ehre, dich zu treffen. bleib stark und geh deinen weg. irgendwann werden wir uns wieder sehen versprochen!!" der zug hielt im bahnhof an. wir standen auf und als er gehen wollte, sagte er ganz überrascht: „du bist kcj, wie konnte ich das nicht sehen. der spruch, der stand auf einem zettel." ich lächelte und sagte: „höre auf dein herz, es wird dich führen, so wie es mich geführt hat!"

hier muss ich schnell einhacken. hallo, ich bin es der chnuschti aka cj kaufmann, aus der gegenwart. diese geschichte ist wirklich so passiert im zug. auch diese box gibt es wirklich, nur der junge und ich wissen wo sie im chilbergerwald versteckt ist. auch die rivalität zwischen intern und extern fand früher statt, mittlerweile ist dem nicht mehr so. in meinem zweiten buch „zwischen den fronten - kein ausweg" wird diese geschichte thematisiert.

auch da gibt es eine box im wald und es geht auch um den krieg zwischen intern und extern.

die fiktive geschichte in „zwischen den fronten" wurde also auch von den ereignissen aus meiner jugend inspiriert. mal schauen ob ihr noch weitere wahre ereignisse findet, die mich für das buch inspiriert haben. jetzt wieder zurück zur biografie.

wir stiegen zusammen aus. jayden war noch immer völlig überrascht, wir gingen zum bahnhof umarmten uns zum letzten mal. „machst gut jayden, wir werden uns wieder sehen, glaub an dich!" und so ging jeder seinen weg. er bestieg den bus richtung dussnang-fischingen und ich den zug richtung uzwil-flawil, noch völlig überwältig vom ganzen, aber auch glücklich, dass jemand die box gefunden hatte. gleichzeitig war ich aber stinksauer auf meine alte schule. wie konnten die sich das erlauben? welche schule ändert denn bitte einfach ihren namen? aber mir fiel etwas ein was die schlauen da oben nicht bedacht hatten. der berg auf dem die schule steht, heißt chilberg. also ganz egal wie die schule heißt, den namen chilberg wird die schule nie los. die vergangenheit wird immer haften bleiben. ich hatte mir das geschworen, egal was passiert, solange ich lebe würde ich immer vom chilberg erzählen wie es damals war. die konnten zwar die vergangenheit leugnen, aber wir schüler würden die zeit nie vergessen. auch heute haben wir ehemaligen schüler noch kontakt untereinander und tauschen uns regelmässig aus. sie konnten zwar den namen löschen aber nicht die ehemaligen schüler und unsere erinnerungen an damals. der chilberg hat mich geprägt und ein stückweit auch großgezogen. es war wie eine familie für mich, ein zuhause, wo ich mich geborgen und geschätzt gefühlt habe.

auf den spitznamen „chnuschti" hatte man mich im chilberg „getauft" (nachzulesen im buch „chilberg - meine kindheit"). ich war so in gedanken versunken, dass ich fast die haltestelle flawil verpasst hatte. ein paar tage später hatte ich wieder mal bock unihockey zu spielen - nur wo? So schaute ich ihm internet in der wg wilma und fand einen club „united toggenburg" in bazenheid. so fragte ich nach, ob ich ein probetraining machen könnte bei den u21 elite junioren? so kam es am folgenden donnerstag zum probetraining. oh mein gott, war ich nervös, als ich nach bazenheid ging. das probetraining lief gut und ich hatte echt spass und ich konnte meinen stress mal vergessen und mich richtig austoben. als ich am bahnhof auf den zug wartete, weil der zug erst in einer stunde kam, war es bereits nacht geworden. es waren andere jugendliche am bahnhof, die besoffen waren und stresst suchten. ich blieb cool, ich mochte nicht schon wieder jemanden verletzten, doch sie pöbelten mich an, provozierten mich. es waren etwa vier gegen mich. ich sagte, sie sollen mich in ruhe lassen, aber sie hörten nicht auf. einer wollte mich schlagen. ich wich aus und packte seinen arm, so dass ich ihn über den rücken werfen konnte. er fiel zu boden die anderen packten mich an beiden armen. der andere steht wieder auf zückte ein messer. ich wollte flüchten, konnte aber nicht. er hielt mir das messer an die kehle. „haben wir hier ein kleinen möchtegern, so ganz alleine in bazenheid. eine bewegung und du bist tot! untersucht seine taschen, schaut ob er etwas wertvolles hat!" der eine, der mich nicht festhielt, war jünger als die anderen drei, so 12 Jährig schätzte ich. er wurde anscheinen dazu gezwungen mitzumachen, denn er machte es nur widerwillig, er nahm meine tasche, untersuchte sie, er tat mir als einziger leid, wenn unter jugendlichen solche dinge passieren. ok, das war zwar scheisse, aber naja. aber ein kind mit reinzuziehen das geht zu weit. ich spürte ein wenig zorn in mir hochsteigen, aber ich sagte zu mir, bleib cool, nicht jetzt, der anführer schrie ihn an. der junge fand logischerweise nichts, weil ich handy und geld nicht dabei hatte - ausser mein ga, was ihnen nichts nützte. der junge sagte: „i-ich hab nichts gefunden, ausser einem ga." der anführer wurde sehr wütend und befahl: „untersuche ihn von kopf bis fuss!" der junge untersuchte mich, aber da hatte der anführer einen grossen fehler gemacht. denn es geschah etwas, was ich mir bis heute nicht erklären kann. als ich die wärme des jungen spürte, durchströmte mich ein gefühl der kraft und stärke. ich spürte, wie mein körper stärker wurde. es war kein zorn wie früher in der kindheit. nein, es war etwas anderes was mir diese kraft gab. ich schlug die zwei, die mich festhielten in den magen. sie wurden überascht, denn sie hatten gedacht, ich wehre mich nicht. sie krümmten sich vor schmerzen am boden. noch bevor der anführer das messer ziehen konnte, schlug ich es ihm aus der hand. ich griff ihn an, aber dass er stärker war, merkte ich schnell, denn er war muskulös. er schlug mehrmals auf mich ein. ich fiel zu boden. ich rafte mich wieder auf, so dass ich kniend mit dem rücken zum jungen kniete. ich schaute zu boden, mir war klar, ich habe so keine chance. meine kraft, alles war wieder weg. nur meine normale kraft, die gegen so ein kraftpaket keine chance hat. mir war klar, jetzt wird's schmerzhaft... doch dann spürte ich die hand des jungen auf meinem rücken, da war sie wieder die kraft, aber 10 mal stärker als vorher. der anführer schrie: „zuerst töte ich dich und dann den jungen" jetzt kam er, der zorn, wie wut, wie damals in der kindheit, aber ich konnte es auf einmal kontrollieren. und alter, was für `ne power. all dies kam, als er dies sagte. mir war egal, wenn er mich tötet, aber nicht den jungen. es begann zu regnen. ich stand auf, zog den jungen hinter mich und ballte meine faust. „solche typen, wie dich hatte ich schon in der schule gehasst, immer vergehen sie sich an den jüngeren, weil sie selber schwach sind. aber du hast ein grossen fehler gemacht, mich nicht getötet zu haben." dann lies ich meinem zorn freien lauf. der anführer hatte diesmal keine chance, er spürte am eigenen leib, wie stark ich war. ich erkannte mich nicht mehr, mit jedem schlag wurde ich stärker und stärker. als er am boden lag und nicht mehr aufstehen konnte, lies ich von ihm ab. das messer lag blut verschmiert am boden – zerstört. der junge schaute mich ängstlich an, er war geschockt von meinen zorn. er wich von mir weg. ich schaute mich an, was hatte ich eben gemacht? ich sah in die augen des jungen und sagte: „er wird dich nun in ruhe lassen." plötzlich umarmte er mich. ich spürte wieder diese wärme, welch ein schönes gefühl. alle schmerzen waren weg und vergessen, die zwei anderen flüchteten schon lange, mir lief `ne träne über die wange. so fühlte es sich also an, sich für ein kind einzusetzen, es zu beschützen. ich kniete vor ihm und umarmte ihn zum letzten mal. „versprich mir, dass du einen richtigen weg einschlägst und dich abgrenzt von solchen typen. irgendwann werden wir uns wieder sehen." er schaute mich an und wischte sich eine träne weg. „ich verspreche es." wir verabschiedeten uns. danach kam der zug. da ich sowieso eine stunde warten musste. ich stieg ein. ich sah, das die polizei und die eltern des jungen kamen. der junge sagte den polizisten die wahrheit. als der zug losfuhr, schaute er zu mir und ich wusste, jetzt ist er in sicherheit. ich liess mich in den sitz fallen. ich wollte eigentlich nur spass haben heute abend, aber fuck, was war das eben? woher kam diese kraft ? war das mein beschützerinstinkt? man sagte mir mal, ich hätte einen ausgeprägten beschützerinstinkt, weil man dies schon in jungen jahren beobachtete. heute hatte ich dies zum erste mal bewusst wahrgenommen und ein völlig fremdes kind beschützt. und dies obwohl, mein gegner deutlich stärker und bewaffnet war. aber ich spürte weder angst noch schmerzen. dies erklärt aber immer noch nicht, wie es dazu kam, dass ich plötzlich so viel stärker wurde? und - ich hatte heftig einstecken müssen. war diese kraft schon immer in mir? und wenn ja, wodurch wurde sie ausgelöst? da erinnerte ich mich, als der junge seine hand auf meinen rücken legte, so würde sie so ausgelöst. aber was hatte dies zu bedeutend? und warum konnte ich nicht selber diese, ich sag mal verborgene kraft auslösen? ok, meine normale kraft ist ja schon stark, aber diese kraft – alter, einfach zu krass. ich fühlte mich unbesiegbar. es war fast schon zu viel, weil mir jetzt der ganze körper wehtat. nicht nur weil ich trainiert hatte, nein, auch weil ich mir diese kraft natürlich nicht gewohnt war - scheiss muskelkater. ich kam in wil an und bestiegt den zug richtung flawil. ob noch etwas kommt? ich meine, der anführer sah übel aus. mir tat es mega leid. ich wollte das alles gar nicht, aber ich hatte keine wahl. wer weiss, was passiert wäre, hätte ich nichts gemacht?

ich möchte mich ja aus ärger raushalten, nur ich ziehe solche dinge nun mal an. es war notwehr, aber mir war dies nicht recht. aber ich habe (mal) wieder ein kind beschützt. aber eben, gewalt ist nie die lösung, sondern meistens das problem. und dies sagte ich schon zum zweiten mal. ich habe dies keinem erzählt, weil ich nicht wollte, dass ich nicht mehr zum training gehen darf. ich wollte nicht, dass jemand sich sorgen machte, obwohl ich eine narbe davon trug am linken arm. man sieht sie noch, da hat er mich mit den messer verletzt. aber ich konnte mir jetzt keine gedanken machen und ich mochte auch nicht. zudem hatte ich andere probleme, die wichtiger waren als dieses. aus heutiger sicht, wäre es sicher auch anders gegangen. aber weder dieser anführer, noch den jungen hab ich jemals wieder gesehen. als ich in flawil ankam, war es für mich klar, dass ich nächste woche wieder gehen würde. angst ja - mut viel grösser. ich wollte nicht, dass ich nur wegen dem nicht mehr gehen durfte. aber was mir mehr angst machte, war diese urkraft, woher kam sie und warum? erst als der junge seine hand auf meinen rücken legte? war es zufall - aber zufall gibt es ja nicht, aber woher wusste er dies? oder hatte er ohne wissen etwas ausgelöst? es machte mir umso mehr angst, je mehr ich daran dachte. ich hatte jemand damit verletzt. auch wenn der anführer dies verdient hatte, hatte ich ihn verletzt, jemandem wehgetan. ich hatte so krasse schuldgefühle. mehr und mehr hasste ich diese kraft, wollte sie nicht haben, verband mit dieser kraft etwas negatives, dass ist auch der grund, warum ich sie bis heute nicht mehr benutzte. aber sie ist in mir, ich spüre sie, aber gut ist, dass ich sie nicht einfach so aktivieren kann. da ich schon von natur aus mit sehr viel kraft geboren wurde, wirkt es bei mir bei solchen situationen viel mehr aus als bei anderen, aber im gegensatz zum zorn, kann ich es kontrollieren, jedoch nicht lange halten. aber all dies ist für andere leute nicht vorstellbar.

aber nur weil du es nicht kennst, heisst dies nicht, dass es das nicht gibt. gut man kennt den menschlichen körper, aber unterschätzt niemals emotionen und den zorn. aber es war die pure angst, dem jungen könnte etwas passieren. er war in gefahr und diese angst, dem jungen könnte etwas passieren, liess mich stärker werden, als ich je zu träumen wagte. aber ich spürte auch, dass ich lange nicht an der grenze meiner kraft war. ich kam bei der wg an und war mehr als kaputt. ehrlich, der körper streikte total, ich legte mich nur noch ins bett. die ganze woche danach spürte ich es immer noch, bis ich keine schmerzen mehr hatte. viele fragten zwar, aber ich sagte einfach, dass das training halt streng war, bei toggenburg united. aber diese kraft, ich versuchte sie einzuordnen. da wäre die normale kraft. dann, wenn ich sauer werde, hatte ich logischerweise mehr kraft und mehr energie. den „zorn", diese kraft war sehr stark. aber zuviel kraft, um sie zu kontrollieren. zudem war ich dann auch aggressiver, konnte mich aber noch kontrollieren und wusste was ich tat. und dann eben diese kraft, die der junge ausgelöst hatte. nennen wir sie mal „wut" oder „blind vor wut". aber diese war sehr schwer zu beherrschen, weil es mit heftigen emotionen verbunden war. ich verfügte dann über sehr sehr viel kraft, aber konnte mich nicht mehr kontrollieren und sah nur noch rot. jedoch hatte ich sehr viel spass dabei.

beim training, wenig später bekam ich die nachricht, dass ich ins team aufgenommen wurde, mit lizenz. sie waren sehr angetan von mir und ich liebte diesen sport.
wenige wochen später kam überraschend ein elternteil zu besuch in der wg. ich wusste nichts davon, wir gingen zusammen auf eine spritztour. na super, jetzt hatte ich über wochen mein zuhause verdrängt und lebte damit relativ gut und jetzt kommt dies, kommt alles wieder rauf. aber diese fahrt würde mich total aus der bahn werfen. nur

wusste ich es noch nicht. wir gingen und während wir fuhren, fing das elternteil zu erzählen an. da hatte ich innerlich geweint und geschrien. ich spürte meinen körper nicht mehr. nein bitte nicht! wie könnt ihr das machen? für mich brach eine welt zusammen, eine welt, die für mich so stark und sicher schien. ich weiss nicht wer das kennt? wenn ihr etwas erfährt, wo ihr zu 1000% sicher wart, dass dies nie der fall sein würde? aber genau das war wahr, sie liessen sich scheiden, ich hatte es ja schon gedacht, aber es jetzt sicher zu wissen, war viel heftiger. und bevor jetzt jemand sagt: „ ja du warst ja schon 16. jahre alt, jetzt tu nicht so, du weichei." verdammt nochmal, das war das schlimmste für mich. alle die ihren scheiss senf dazu gegeben hatten und sowieso alles besser wussten, aber null mit der sache zu tun hatten, wo wart ihr, als ich jemanden gebraucht hätte? aber lügen über den oder die andere erzählen – gäll. sie machten damals die ganze situation noch schlimmer, als sie sowieso schon war. manchmal ist es einfach besser, einfach die klappe zu halten, wenn man den hintergrund nicht kennt, aber über andere lästern ist halt einfach. aber glaub, mir das zeigt den ehrlichen charakter eines menschen und zeigte mir damals ganz deutlich, wie gewisse menschen wirklich ticken. ich merkte mir die menschen, aber ich weiss, karma wird schon klären, und wer sagt das `ne scheidung bei euch nie geben wird, ihr habt keine ahnung, karma regelt schon. mag sein, dass es andere locker weggesteckt haben. ich wette, denen ging es genauso. Ja, ich war kein kind mehr. es sind trotzdem meine eltern. und für ein kind der eltern ist es doch das schlimmste, wenn sich eltern trennen. mag sein, das andere nie sowas miterleben mussten, nie dieses gefühl hatten, nie unter solch einer gewissheit leiden mussten. freut mich für euch, ich bin nicht du und du bist nicht ich, also urteile nicht, jeder reagiert anders darauf, aber dass dies keinen mitnimmt, das kann mir keiner sagen. den egal wie alt du bist, du willst doch, dass es die eltern guthaben und glücklich sind. klar, wenn es jetzt, wo ich 30 bin passieren würde, würde ich durch die reife anders reagieren, aber verdammt ich war 16 jahren alt. und nein, mit 16 ist man noch lange nicht erwachsen, auch wenn gewisse jugendliche meinen sie wären mit 16 jahren schon erwachsen, besser und schlauer als die heutigen 30 jährigen. lasst euch etwas gesagt sein, für mich seit ihr noch kinder, die gerade gelernt haben einigermassen verantwortung zu übernehmen, den euch wurde der weg schon vorgegeben. schule, lehre, partner, haus, kinder usw, ich jedoch musste jedesmal kämpfen, mich behaupten, jeden tag. was der heutigen jugend einfach fehlt, weil alles so einfach wie möglich gemacht wird und sie nicht lernen sich durchzusetzen, mich hat jeder rückschlag und schicksalsschlag stärker gemacht vom kindergarten bis heute, aber egal wie cool ihr euch gebt, in euch brodelt es nur so vor lauter unsicherheit.

lehre, freunde, pubertät usw. - ich möchte niemanden direkt ansprechen nur sagen, dass es immer noch ein grossen unterschied zwischen 16 und 30 jahren gibt. ich gönne jedem sein oder ihren erfolg und wünsche nur das beste. aus lebenserfahrung kann ich sagen, auch mit 18 ist man noch lange nicht erwachsen. aber jeder tag lässt einen lernen und reifen. und seid ehrlich, was ist eure sichere basis? genau - die eltern. doch genau diese basis, diese sicherheit fiel weg und ich stand alleine zwischen welten. schlimm genug, dass ich seit meinem 10 lebensjahr nicht mehr wirklich zuhause wohnte. die fahrt ging weiter. ich hörte nur noch zu, gab mich ruhig wollte nicht, dass das elternteil merkte, dass in mir gerade die ganze welt zusammenbrach. ich gebe keinem die schuld, sie wussten es ja nicht, wie sehr mich das alles mitnahm und innerlich zerriss. das elternteil brachte mich wieder zur wg zurück. ich stand da vor den haus. ganz ehrlich, am liebsten wäre ich einfach weggerannt, weg von allen, an einen ort wo es keine probleme und sorgen gibt, wo man frei ist. lehre, freunde, alles war mir in diesem moment egal. aber etwas hielt mich zurück, was war es, was mich zurückhält nicht einfach zu gehen, vor allem flüchten. war es der eigene stolz? es allen zu zeigen, dass ich selber etwas aufbauen kann? zu diesem zeitpunkt sah ich keine zukunft. alles schien so klein und unwichtig. wieso konnte mein leben nicht einfach normal sein? ich gab mir doch mühe, aber immer wieder kam das schicksal und schlug zu, mit voller wucht. ich setzte mich auf eine bank im park, wollte weinen, aber mein stolz „männer dürfen nicht weinen" hielt mich davon ab und schon wieder frass ich es in mich hinein. wie lange geht das noch gut? ich hatte niemanden zum reden und fühlte mich alleine. mit wem soll ich den reden? ich schaute zum himmel, es war ja schon dunkel, der mond strahlte mit ganzer kraft. die sterne, sie leuchteten, denn es war `ne klare nacht. „ach wie sehr ich jetzt wünschte, dass du hier wärst, du würdest mich verstehen michel" aber er war nicht da, ich fühlte mich unwichtig, allein gelassen und nicht verstanden, alles nicht mehr wichtig, meine lehre und mein leben. die sterne, sie waren so schön. wie schön wäre es jetzt, bei den sterne zu sein, frei zu sein, einfach gehen. ich hatte schon als kind manchmal selbstmord gedanken, aber bei all dem ganzen, meine eltern trifft nie eine schuld. die scheidung war nie der grund für diese gedanken. sie hatte sie nur verstärkt, aber war nicht der hauptauslöser, denn ich hatte schon als kind immer selbstzweifel und fühlte mich minderwertig. auch weil ich in der schule immer gemobbt und verprügelt wurde. ich hatte es nur nicht gemacht, weil ich michel versprochen hatte, immer meinen weg zu gehen, aber vorsicht!! damals waren es ganz andere umstände, als sie es heute sind, das ist ganz wichtig!! heute könnte ich mir das nie vorstellen, so etwas zu tun. und dank der therapie konnte ich darüber sprechen und mir hilfe holen. heute bin ich stärker denn je. aber wieviel jugendliche hatten selbstmord gedanken und leben jetzt ganz normal, als wären die gedanken nie da gewesen? wichtig ist, dass man sich helfen lässt und das hatte ich getan. mir ging es richtig scheisse. trotzdem ging ich zurück in die wg. ich mochte nicht gross reden, aber sie merkten, dass etwas nicht stimmt. ich blockte total ab, ging in mein zimmer und zu bett, am nächsten morgen zur arbeit. ich machte meine arbeit, aber in den pausen wollte ich alleine sein, es tat so weh. ich sah andere wie glücklich sie sind und ich war es einfach nicht. „hey, ist hier noch platz frei?" ich wurde völlig aus meinen gedanken gerissen. „ähm - ja klar." er setzte sich. er schient älter als ich zu sein, hatte kopfhörer auf und daraus kam eine musik, die mich ansprach. so wippte ich im takt mit. ich bekam gänsehaut. er bekam dies mit und gab mir den rechten kopfhörer. und alter, wie geil war das bitte? ich kannte den sänger nicht und auch nicht das genre, aber ich bekam noch heftigere gänsehaut. das lied hiess „alles verloren". wie passend dieser song doch war. „wow, was für ein geiles lied. wer ist das?" der mann schaute mich leicht verdutzt an und fragte: „sag nicht du kennst bushido nicht?" aber genau so war es, ich hatte von rap keine ahnung bis er mir alles erklärte. „ich heisse christian garcia." „ach wie passend" sagte ich lächelnd. garcia war verwirrt. „meine name ist christian kaufmann." ja wir mussten beide lachen. und weil wir den gleichen vornamen haben, sprachen wir uns mit den jeweiligen nachnamen an. dies ist sogar heute noch so. wir redeten und verstanden uns super. er erzählte mir, dass er halb spanier und halb italiener sei. zwei nationen, die ich sowieso sympathisch fand. zudem hatten wir etwas, was uns beide sehr interessierte – bushido. seine lieder gaben mir neue kraft in der für mich schweren zeit. ganz ehrlich, ich wüsste nicht wo ich heute wäre, wäre bushido nicht gewesen. er und seine musik, sie waren so wichtig. es war das einzige an das ich glauben konnte, was mir halt gab. ihr könnt es euch nicht vorstellen, ich gehe sogar so weit, dass ich sage: ich bin mit der musik von bushido aufgewachsen, er hat mich mit seiner musik durch meine schwerste zeit geführt. garcia und ich wir hängten immer mehr in den pausen ab. natürlich immer dabei: bushido und seine musik auf dem handy. nein, kein smartphon, die gab es da noch gar nicht. ich hatte dann mal ein handy (mein erstes samsung) mit touchscreen, aber um welten schlechter, als die, die man heute kennt, mitgenommen und er schickte mir via bluetooth, einige songs von bushido. kennt das die heutige generation noch? wenig später kaufte ich mir eine cd von bushido im exlibris in uzwil und importiere sie auf meinen neu gekauften mp3-player. ich hörte sie rauf und runter. so viele gute texte, die mir halfen, an mich zu glauben und weiter meinen weg zu gehen. kein tag, wo ich kein bushido hörte. der song „zeiten ändern sich" stand ganz oben auf meiner hitliste. so ging ich viele abende in flawil spazieren. der schöne nebeneffekt war, dass ich mich in flawil bessere auskannte. garcia und ich machten seit diesen tag vieles zusammen. auch war ich bei ihm zuhause, was praktischerweise auch in flawil war. er war in der männerwg und ich da bald dauergast. zum glück gehört die wg auch der firma, wo ich die lehre machte. wir hörten die ganze zeit natürlich bushido. wir verstanden uns super, auch weil wir den gleichen humor hatten, ich lernte alles von ihm über rap, von bushido, über eminem, über egj deutschrap, 50cent, 2pac und einfach alles über hip-hop. und ich hatte endlich jemanden, wo ich über alles reden konnte. er wurde immer mehr wie ein grosser bruder für mich. wir mussten uns treffen, denn es war sofort auf dem gleichen level, auf einem level, wovon viele nur träumen konnten. die nächsten wochen lief es erstaunlich normal. ich kenne das gar nicht, aber auch mal schön. es wurde kälter, der winter stand an. ich war schon immer der, der sich freute wenn es kühler wurde. so in der nacht durch die verschneiten dörfer zu gehen, dieses feeling war einfach zu krass. es war 20:00 uhr, als ich in flawil unterwegs war, mit meinem mp3-player und musik von bushido und neuerdings auch sido und fler. ich machte dies früher recht oft, um mal abzuschalten. so ging ich alleine spazieren. als ich auf dem rückweg zur wg war, verfolgten mich plötzlich drei männer, egal welchen weg ich nahm, sie verfolgten mich. ich lief extra kreuz und quer, um sie nicht zu der wg zu führen. immer wieder schaute ich kurz zurück, ob sie noch da waren. es war dunkel. ich konnte mir keinen reim darauf machen, warum sie mir folgten. da ich in flawil so gut wie niemanden kenne, bekam ich langsam angst, aber blieb ruhig. wenn es hart auf hart käme, hätte ich ja noch meine kraft. Trotzdem, man weiss nie. ich war damals als 10jähriger so gut wie entführt worden und konnte nur mit sehr viel glück entkommen. ob es die gleichen sind? nein, das wäre des zufalls zuviel. gibt es überhaupt zufälle? nein, jetzt nur keine panik bekommen. als ich schneller lief, ärgerte ich mich mega ab meiner vergangenheit, die sich immer wieder melden musste. wie verdammt sollte ich den damit abschliessen, wenn mich mein leben nicht liess? aber das ist auch einer der gründe, wieso ich bücher schreibe, um mit diesen ganzen scheisse fertig zu werden. ich wurde langsam müde und langsamer. so machte ich mich bereit um zu kämpfen. zur wg war es noch 10 minuten. die männer warfen schneebälle mit steinen drin, meinen mp3-player hatte ich längst eingepackt. zum glück konnten die nicht zielen. nur ein fenster ging zu bruch. sie kamen näher und näher und ich wusste, ich hätte jetzt nur noch zwei optionen, entweder mich zu stellen und zu kämpfen oder wegzurennen. das erstere war vielleicht ehrenhaft. aber das dümmste wäre sich zu stellen, denn ich wusste weder ob ich genug kraft oder überhaupt eine chance hätte, oder was die an waffen oder messer dabei hatten. wegrennen war weder feige noch falsch, sondern die einzige richtige entscheidung. klar, wären die in meinem alter gewesen, hätte ich mich gestellt und sie vielleicht auch besiegt, aber ich schätzte die etwa anfangs 40ig. sie waren sicher einen kopf grösser als ich und ich war da schon 1.75 cm gross. so machte ich mich bereit um zu rennen. mal schauen, ob sie mir überhaupt nachkommen, denn im rennen bin ich sehr schnell. ich war damals noch nicht so schwer wie heute, sondern dünn und muskulös gebaut. aber ich sah auch noch kindlich aus, kein bartwuchs, haare befanden sich nur auf dem kopf, gerade im stimmbruch, immer noch `ne zahnspange, `ne haut wie ein 12 jähriger. ich sah deutlich jünger aus, als ich wirklich war, man hätte mich locker aus der ferne als kind sehen können. aber körper und kraft wuchsen schneller als alles andere. so rannte ich plötzlich los. schnell gewann ich an land, dachte ich zumindest. dann die gleiche frage, kommen die mir nach? oh ja, sie kamen mir nach, waren sogar ein wenig schnelle, sie kamen immer näher. noch wenige meter bis zur wg. ich nahm meine ganze kraft zusammen. mein körper hatten schon seitenstechen und der puls war gefühlt auf 200. mein körper streikte plötzlich. ich wusste das wars. hab mein körper zu sehr beanspruch, vor allem zu schnell. ich fiel zu boden. ich war etwa 15 meter vor der wg. sie kamen. plötzlich wurde es dunkel, aber ich spürte keine hand an mir. ich schaute auf. da stand ein mann vor mir. ich sah nur seine füsse. das war keiner der vier männer. er beschützte mich. er verjagte die vier männer. dann gab er mir seine hand. ich war mir zuerst nicht sicher, ob ich ihm meine hand geben sollte. ich war immer noch am boden. konnte ich ihm trauen? zu oft wurde ich durch mein gefühl getäuscht. „brauchst keine angst haben, du bist jetzt in sicherheit." ich nahm seine hand, er half mir auf. leicht beschämt sagte ich: „ach, die hätte ich doch locker verjagt." „ja ist klar, und am boden kämpft man am besten. du brauchst nicht den harten zu spielen kleiner, du warst am ende, du muss selber zugeben, es war knapp." er legte seine hände auf meine schulter und sagte: „auch männer sind nur menschen und dürfen schwäche zeigen und auch gefühle. ich sehe doch, dass du innerlich am weinen bist." mit diesen worten lief es raus - meine tränen. er drücke mich an sich. ich hatte keine angst. ich vertraute ihm. wir unterhalten uns längere zeit. ich erfuhr, dass er gleich neben uns wohnte. seit längerem hörte mir wieder jemand zu, wie es mir geht, nebst meiner therapeutin. es tat so unendlich gut. er erzählte mir, er hatte selber einen sohn im schulalter und 'ne tochter. wir unterhielten uns sicher 'ne stunde auf der treppe. leider musste ich dann rein. ich war so dankbar dafür. es war so schön, aber wer waren die drei männer? aber ich wollte mir jetzt nicht den kopf darüber zerbrechen. ich war hundemüde.

so ging ich zu bett.

zu viel passierte zurzeit. zudem ereignete sich wenige tage später ein weiterer vorfall, der mich noch mehr verwirrte. alles begann damit, dass ich in flawil unterwegs war. es war Samstag. ein schöner tag. es lag immer noch schnee. ich war wie immer alleine mit meinem mp3-player und ich musste nochmals über die sache in der hps nachdenken.

was passiert war, noch immer kam ich nicht damit klar. wieso hatte ich so darauf reagiert? was war mit mir los? Ja, es könnte mir egal sein, wäre es nicht ein so starkes gefühl, dass ich in diesem moment in der hps gefühlt hatte. ich hatte es auch für mich behalten. es war ein schönes und zugleich verstörendes gefühl. ich schaute in die ferne. da sah ich etwas und es begann von neuem. es war wieder da. der mensch, er lief auf mich zu. es war auf einer langen strasse ohne ausweichmöglichkeiten. zurück konnte ich auch nicht, es war wieder ein mensch wie in der hps flawil. er kam näher und näher. mein herz jagte meinen puls in die höhe. ich bekam gänsehaut. in meinem bauch hatte ich ein starkes, gutes gefühl, im kopf wieder diese tausend gedanken. ich wollte wegrennen, konnte es aber nicht. der mensch sah mich an. ich konnte nichts mehr machen weder denken noch mich bewegen. was ist das für ein gefühl - verdammt? diese gefühle hatte ich nur bei diesen menschen. ich wehrte mich mit ganzer kraft dagegen, wollte es nicht wahr haben, denn ich wusste, was diese gefühle bedeuten, dieser geruch. es lies mich wie betäuben und verführen zugleich. wir kreuzten uns und wir sahen uns direkt in die augen, und alter, was für eine gefühls-explosion in mir? ich schaute noch zurück. ich setzte mich in die wiese. ich war schweissgebadet. ich legte meine hand auf meine brust, konnte jeden schlag meines herzens spüren. ich ging gedanklich in mich und versuchte das ganze einzuordnen. ravensburg, bazenheid, flawil, was wollte mir das schicksal sagen? oder waren alle nur zufälle? aber zufall gibt es ja nicht. aber wenn sollte ich denn nur fragen? so etwas glaubt mir ja niemand. ich wette, nicht mal die, die dieses buch lesen. nein, es war nicht liebe - so ein blödsinn! oder doch und wenn ja? aber etwas hatten all diese orte gemeinsam, es waren immer wieder die dieselben gefühle und ich hasste sie. ich versuchte sie immer zu verdrängen sie mir selber abzustreiten, sie als irritierend abzutun. sie waren falsch und nicht gut, aber ich merkte wie stark sie waren. aber dennoch redete ich mir ein, sie seien nicht relevant. in der wg angekommen wollte ich ins bett und schlief durch, denn ich war mehr als todmüde. ich schlief bis sonntagmittag. ich war immer noch verwirrt, mochte mit niemandem reden. all diese momente kosteten mich energie. die scheidung der eltern, dieses gefühl, das ich verdrängte. in der lehre gab ich mir zwar mühe, aber ich konnte keine leistung bringen, weil mich die scheidung der eltern zu sehr beschäftige, mich zerriss. ich frass es mehr und mehr in mich hinein. aber ich wollte nicht, dass es meine geschwister oder eltern sahen. ich musste alleine damit fertig werden. wen hatte ich den schon, und überhaupt hatten sie schon genug probleme. da muss ich nicht auch noch kommen. einzig die musik von bushido gab mir halt, in einer welt, in dieser zeit. ich hatte zwar freunde und war doch alleine. in der therapiestunde könnte man es ja besprechen, aber da hatte ich ein ganz anderes problem das fast noch mehr meiner energie frass und ich noch immer nicht wahrhaben mochte. es war erst oktober und ich war seit august in der lehre. das waren erst 3 monate. verdammt, für andere war man da, nur mich liess man alleine. das war schon früher als kind so, hatte ich mal probleme, glaubte man mir nicht oder man hatte keine zeit. so wurde ich ein wenig zum einzelgänger. ich musste alleine klarkommen.

ich wurde gemobbt. ich wurde verprügelt. ich wurde missbraucht, auch wenn dies einige nicht wahrhaben wollten, geschah all dies in meiner kindheit. nicht zuhause, nein, in der schule. trotz allem hatte ich immer an das gute geglaubt und ging gerne zur schule. ich blieb standhaft. ich hielt immer zur schule chilberg. sie konnte nichts dafür, dass mir all diese schlimmen dingen passierten. ich sagte auch nichts, weil ich mich dem alleine stellen wollte. ich wollte auch nie mitleid, dieses kann man sich sonst wohin schieben - ganz ehrlich. mir wurde dies vorgeworfen, obwohl mir dies scheissegal war und ist. was sollte ich damit? mitleid war das letzte, was ich brauchen konnte. aber alle hatten immer das gefühl, ich suchte mitleid, vielleicht weil sie es selber suchten? ich hatte längst all meinen peinigern vergeben, die mir schaden zugefügt hatten, auch um damit abzuschliessen. es hatte mich stärker gemacht und mir wäre nie in den sinn gekommen zur polizei zu gehen, wie es ein gewisser kerl meinte zu wissen.

wieder einer der mich nur vom sehen kannte und meinte, dadurch alles zu wissen. ich hatte nach seiner post genüsslich gelacht, gerade weil ich gewisse dinge wusste. aber dies nur so nebenbei.

ich wollte mich selber wehren, daran wachsen und stärker werden. und ich bin daran gewachsen, es hat mich stärker gemacht, körperlich wie psychisch. wenn mich heute jemand beleidigt, mühe ich dem nur ein müdes lächeln ab und denke, wie kaputt muss diese person sein? es kratzt mich nicht mal, eher hab ich mitleid mit dieser person. deswegen hatte es mich einen scheiss interessiert, was andere über mich dachten.

die nächsten wochen ging es mir nicht wirklich gut. mehr und mehr merke ich, wie mich alles aufrass. von der scheidung bekam ich alles mit, besonders wenn ich zuhause war. ich war so fremd, es wurde sogar so schlimm, dass ich mich fragte, ob ich mich ganz entfernte von meinen eltern? mann, ich wollte doch nur, dass wir eine glückliche familie sind. das war mein einziger wunsch, als 16 jähriger, mehr wollte ich gar nicht. ich driftete immer mehr ab. die lehre war mir je länger je mehr egal. ich kam abends erst spät nachhause, konnte und wollte mit keinem reden, gab mich anders, als ich mich fühlte, weil ich mir selber etwas vormachte. ich wurde am schluss auch von allen seiten alleine gelassen. niemand sorgte sich um den 16 jährigen jungen, der genau jetzt hilfe bräuchte. alle dachten sie: „ach nicht so schlimm, er ist ja schon 16. er kann ja mit seiner therapeutin reden, da brauchen wir uns nicht auch noch zu kümmern." ich wurde mir selber überlassen, in der lehre, in der wg und zuhause. ich war nur einer von vielen. aber wie es in mir aussah, das sah keiner, oder keiner wollte es sehen. ich suchte aufmerksamkeit, suchte anerkennung und geborgenheit - aber woher? meine motivation sank auf den tiefpunkt. wieso noch kämpfen? wieso das ganze noch machen, wenn es doch nichts bringt? ich wurde immer unglücklicher. man sah es mir nicht an, weil ich mich gut gelaunt gab. es nahm mich sowieso keiner ernst. ich hätte nie gedacht, was `ne scheidung alles auslösen könnte für ein kind von scheidungseltern. da streiten sich zwei erwachsene und sehen nicht mal, wie sehr dies deren kinder schadet. ohne dass sie es wollen, schaden sie den kindern. auch wenn ich zu diesem zeitpunkt kein kind mehr war, war ich doch ihr kind, eines der vier kinder, aber ihr kind, das darunter leidet, mehr als sie jemals gedacht haben. aber ich möchte auch nicht das man irgendjemandem einen vorwurf macht, denn wie gesagt, man sah es mir nie an. ich konnte schon als kind sehr gut verstecken wie es mir geht, sei es als selbstschutz oder weil ich früh gelernt hatte, die probleme selber zu lösen. und auch diesmal wieder das gleiche, wie beim missbrauch, ich behielt es für mich, wollte nicht andere damit belasten. ich hatte es wenigen leuten anvertraut und die reaktionen war steht's die gleiche: „das macht dir doch nichts bist doch stark" oder „glaubst du wirklich, das glaubt dir jemand?" oder „ist ja sowieso erfunden" an die leute die mir nicht glaubten, wart ihr dabei, wart ihr während meiner ganzen schulzeit dabei? vor allem als ich im heim war? sechs jahre war ich im heim, fünf davon im chilberg. wisst ihr wie es geschah? wie lange es ging? wie mir gedroht wurde? wie ich versuchte mit dem ganzen klar zu komme, jedesmal wenn sie mich anfassten, wenn ich sachen tun musste, die nie ein kind tun sollte? wie sehr sie meine seele quälten, wenn sich jede sekunde wie stunden anfühlten? wie ich verdammt nochmal, kurz vor einem selbstmord stand, weil meine seele nach hilfe schrie, aber niemand mir half und der einzige grund, wieso ich keinen selbstmord machte war, weil ich irgendwo noch licht sah an dem dunkelhimmel?

nein, wisst ihr nicht. also hört auf zu denken, das stimmt alles nicht. ich war dabei. ich war der junge der missbraucht wurde von anderen schülern. den schreckliche dingen, die ich erleben musste und ja, man sah es mir nicht an, denn wie gesagt, ich konnte es sehr gut verstecken. aber der missbrauch hatte deutliche spuren hinterlassen. nicht körperliche - nein, seelische. erst in der therapie hatte ich gelernt, damit klar zu kommen. nicht alle verarbeiten es gleich. und bitte, macht euch keine vorwürfe. von wegen: „ich hätte es doch merken sollen" oder „warum war ich nicht für ihn da?" ich hatte auch nichts gesagt, wie sollte man es denn merken? ändern kann man es nicht mehr, genau so wenig rückgängig machen. ich habe gelernt damit zu leben, ich suche kein mitleid, oder aufmerksamkeit. genau so wenig, dass man mir nicht glaubt. von den sechs jahren im heim wurde ich zwei jahre missbraucht, aber ich habe meinen peinigern verziehen, denn heute bin ich stärker denn je, und auch wenn ich missbraucht wurde, bin ich heute mit 30 jahren der, der gesiegt hat, und ein

schönes leben hat, mit freunden und einer
tollen familie, einer eigenen wohnung und der
mit beiden beinen im leben steht. und das
reicht mir völlig. aber das war ein langer
prozess in der therapie. Als ich damals in die
lehre kam, war ich noch nicht so weit. die
alpträume suchten mich immer wieder heim.
vor allem in der lehre waren sie sehr schlimm
und stark und nur dank der therapie kam ich
damit klar. aber wenn ich so andere
erwachsene sehe, die auch als kind schwer
missbraucht wurden, hatte ich noch grosses
glück im unglück, es hätte schlimmer
kommen können. und noch etwas möchte ich
ganz klar erwähnen, der missbrauch und die
scheidung der eltern haben nichts
miteinander zu tun!! das sind zwei
verschiedene ereignisse und dennoch hat
jedes seine spuren hinterlassen.
ich sass die ganze zeit auf einer bank, als ich
über das nachdachte. ich sah so in den wald,
links verlief die bahnstrecke, rechts eine
wiese, die sonne ging gerade unter. „wie

schön das aussieht." dann fiel mir ein grosses haus auf, am ende der strasse. so ging ich der strasse entlang zu diesem haus. Dieses haus hatte eine art kunst unter dem dach. wo hatte ich dieses logo schon mal gesehen? wie sehr ich auch nachdachte, es wollte mir nicht einfallen, aber mir kam es sehr bekannt vor. ich hatte dieses haus vorher nie gesehen und doch kam es mir bekannt vor. vielleicht erinnerte es mich an ein haus, das ähnlich aussah. heute ist mir klar, das haus war ein pfadiheim. aber damals sagte man mir, es sei ein waisenhaus. ja klar, ich glaubte es schon damals nicht. an dieser stelle grüsse ich alle die der pfadi, jungwacht oder blauring angehörten. obwohl ich als kind nie ein pfadfinder war, fand ich diese super cool. rechts ging die strasse weiter. so entfernte ich mich vom haus und lief weiter richtung bahnhof. es war ja alles egal, auch egal dass ich wieder einmal zu spät ankam in der wg. aber ich liess keinen an mich heran, weil ich sowieso wieder enttäuscht würde.

ich wollte alleine sein, den ganzen schmerz loswerden, einfach frei sein. ich verlor mich immer mehr, immer mehr spürte ich mich nicht mehr. warum verdammt kann nicht alles so sein wie immer? die einzige die mich ernst nahm und mir zuhört war meine therapeutin, nur mit dem unterschied, dass sie geld dafür bekam. die probleme in der lehre wurden mehr und mehr. und immer öfter wurde ich nachhause geschickt, bis ich mich ganz verschloss. keiner verstand mich oder fragt, wie es mir ging. ich wurde zwischen zwei welten alleine gelassen. nachhause wollte ich auch nicht mehr, sie stritten sich sowieso die ganze zeit. in der wg war ich nur noch anwesend so wie an der lehrstelle. ich machte es nur noch, weil es von mir verlangt wurde. aber glücklich - dieses gefühl verschwand mehr und mehr. mir wurde der boden unter den füssen weggezogen. meine gefühlswelt sah so aus: ich stand in einem unendlichen raum, der nur weiss war. und egal in welche richtung, ich stand alleine da.

verdammt - ewig in diesem unendlichen raum zu leben. mein einziger strohhalm war die musik von bushido und die gedanken an michel. schon krass, dass ein mensch der tod war, mehr für mich da war, als die menschen die lebten. so war es früher, auch im dezember. damals fiel noch viel schnee. ganz flawil war tief verschneit und es wurde sehr kalt. eigentlich freute ich mich immer auf die weihnachtszeit, nicht dieses mal. ich sah all die glücklichen familien und ich wusste genau, das ses bei uns nicht so war. zumindest hatte ich nicht das gefühl, konnte mich nicht mal auf die weihnachtsferien freuen. es waren keine depressionen. es war nur ein junge, der nach geborgenheit und zugehörigkeit suchte, aber überall das gefühl bekam, nur geduldet zu werden. ausser in der wg, da war ich jemand und berta konnte mich verstehen. sie hatte es wie damals frau kre geschafft, mich zu verstehen, mich als mensch wahrzunehmen, zu mir durchzudringen. was diese zwei frauen geschafft hatten, hatten nicht mal meine eltern geschafft. sie nahmen mich so wie ich nun mal war. nicht, dass es meine eltern nicht getan hätten, aber diese zwei frauen waren schlüsselfiguren in meinem leben. sie glaubten an mich und vor allem hörten sie mir zu und liessen mich, als ich ruhe brauchte, liessen mich führen, sahen meine stärken und nicht meine behinderung und schwächen, so wie es eben viele taten. was diese leute aber nicht merkten, dass ich es merkte und dann meinen teil dazu dachte. ich merkte es aber auch, wenn es jemand ernst mit mir meinte, aber zurück zur story.

als ich wiedermal nach einem spaziergang in der wg ankam, hatten sie den weihnachtsbaum schon geschmückt. schön sah er aus. ich musste schmunzeln, wenigstens etwas, das beständigkeit hatte und mir das gefühl gab, trotzt meiner schweren zeit, etwas zu haben, auf das man sich verlassen konnte und schöne kindheits- erinnerungen hervorrief. ich hatte mir damals aus spass einen adventskalender gekauft. es war schon der 23. dezember, die bude hatte schon seit dem 20. dezember betriebsferien. mein fazit vom ersten halbjahr? lieber nicht fragen, ein wunder, dass ich die lehrstelle noch hatte, nicht weil ich jetzt nicht motiviert war, nein, ich stand mir einfach vielfach selber im weg. ein tag später war weihnachten. es gab ein festmahl vom feinsten. es tat gut in der wg zu bleiben über die festtage. so konnte ich ruhe finden und alles mal ein wenig vergessen. wir tranken fast jeden morgen heisse schokolade mit sahne. ich war tagsüber damit beschäftig in meinem zimmer an meinem pc zu arbeiten. denn da legte ich den grundstein zum schreiben. es war also alles geplant das erste buch, das zweite und jetzt das dritte. mir war damals schon klar, dass ich dies machen möchte. genug stoff hatte ich ja. es war kein zufall, diese drei bücher sind miteinander verbunden und haben ihren ursprung im wg zimmer an der tellstrasse 4 in flawil. auch die reihenfolge war so geplant. zuerst „chilberg - meine kindheit" dann „zwischen den fronten - kein ausweg" und jetzt eben „allein zwischen welten". jedes buch beginn damit, dass die sonne ins zimmer scheint und dass die geschichte immer in einem zimmer beginnt. das hat mit dem „grundstein legen" zu tun. denn immer, wenn ich im zimmer sass, schien die sonne herein am morgen und weckte mich immer. dies war damals so schön, dass jedes buch so beginnt. ich schrieb am laptop `ne geschichte, der titel war „kinder des nebels" ein psychothriller. damals hätte ich nie gedacht, das ich jemals autor würde. schreiben war das eine, es rauszubringen das andere. ich schrieb hauptsächlich, weil es mir half nicht verrückt zu werden. es war mein erster laptop und ich wählte ihn aus, weil ich darauf gut schreiben konnte. ich hab den zwar immer noch, schreibe aber längst nicht mehr auf diesem.

ich schrieb stundenlang, bis es abend wurde. die sonne wich langsam dem mond. Ich, total müde, fiel ins bett und träumte davon, irgendwann mal das eigene buch in den händen zu halten. mein gott, hätte ich geahnt.... die festtage flogen vorbei und auch das restliche halbjahr meiner lehre. ich stand vielemale kurz davor aufzugeben, weil in diesem halbjahr hatte ich sehr viele sitzungen. ich meine wirklich viele, weil es immer etwas gab, was nicht gut war, ich aber nicht immer schuld war. man wollte mich so, wie ich nun mal nicht bin. ich war ein rebell, der mehr und mehr seinen eigenen kopf hatte. am 25.06.2007 hatte ich geburtstag und wurde 17 jahre alt. in der wg hatten wir ein fest. ich lud aber keine eltern ein. ich grenzte mich immer mehr davon ab und wollte die scheidung meiner eltern immer noch nicht war haben. aber ich war mir sicher, dass ich mich abgrenzen konnte davon, zumindest dachte ich es. denn nein, ich machte mir was vor, denn sie kamen zu jeder sitzung oder mindestens ein elternteil. meistens war eine sitzung nötig, weil wegen mir etwas nicht in

ordnung war. aber warum ich so mühe und
probleme hatte, war ich auch selber schuld.
hätte ich gesagt, was mir zu schaffen machte,
wäre vieles zu vermeiden gewesen. aber man
war ja auch der auffassung, dass mich das
nicht mitnahm, dass sich meine eltern
scheiden liessen. und ich war ja sowieso in
der wg. aber sie lagen alle falsch. aber
darüber habe ich ja schon geschrieben im
buch. mir wäre es auch lieber gewesen, wenn
es nicht so einen krassen einfluss auf meine
lehre und mein leben gehabt hätte. zumal ich
auch andere probleme hatte. all dies machten
diese sitzungen sehr schwer für mich. denn
ich musste mir jedesmal anhören was ich
alles falsch machte. anstatt man mal sagen
würde, was ich alles gut machte. aber das ist
ja genau die mentalität, heute noch, man
sieht nur immer das schlechte anstatt das
gute zu sehen, worauf man bauen könnte. der
mensch braucht probleme. hat er keine, so
macht er sich welche, vielleicht ist es uns zu
langweilig, wenn alles normal läuft ohne

probleme. ich sass dann immer auf meinem stuhl. ich sagte nicht viel, und dachte mir meinen teil. wie würdet ihr euch fühlen, wenn ihr als 16-17 jährige ständig gesagt bekämmt, was ihr denn alles so schlecht macht? und das nicht nur von einer person, nein von 3 - 4 personen. nein, keine jugendliche, erwachsene!! andere würden von mobbing sprechen. klar, das ist nicht das gleiche, aber kommt dem ganzen schon sehr nahe. ich entwickelte mit der zeit eine art schutz. ich wollte nur noch alleine sein. niemanden an mich heranlassen, ob bei der arbeit oder in der wg. meine kindheit war schon nicht leicht, aber im vergleich dazu gar nichts. wie viele male wollte man noch auf mich draufhauen? seht ihr denn nicht den schmerz in mir? seht ihr nicht wie zerrissen ich bin? seht ihr denn nicht wie ich mit einem grossen problem zu kämpfen habe, mit dem ich total überfordert bin? Nein, ihr seht nur mich, wie ihr mich sehen wollt oder gern gehabt hättet. jeder nur für seine oder ihre zwecke. zu dieser zeit hatte ich viel mit garcia gesprochen, manchmal stundenlang. als wir wiedermal unterwegs waren, fielen mir seine tattoos auf. ich wusste zwar, was dies war, aber nicht wie man die auf die haut bekommt. „hey garcia, sind das tattoos?" er war leicht verwirrt. „na kennst du dies nicht?" ich schaute leicht verlegen „naja, auf dem land kennt man dies eben nicht so und ich habe auch bis jetzt niemanden gesehen der eines hatte." garcia fing leicht zu lachen und meinte dann scherzhaft: „ah die landeier wieder, ich verstehe, und hast auch vor eines zu machen?" ich sah ihn erschrocken an „wer ich? `ne, nie im leben, wüsste nicht warum, meine schöne haut." aber garcia meinte noch: „wir reden irgendwann nochmals darüber, ich kenne da einen guten tattooierer in flawil, der hilft dir gerne." ich sagte nichts mehr und ging weiter. ich und tattoo, was denkt der sich? er folgte mir „glaub mir irgendwann wird es auch dich packen." ich schaute zu boden, wie würde wohl meine familie reagieren? niemand hat ein tattoo, aber ich war ja schon immer der, der etwas machte, was andere nie gedacht hätten, sei es sich die haare blond zu färben oder als erstes geschwisterteil mit sechs jahren ein handy zubesitzen. aber dies wäre dann doch zu krass, es wurde juli, als ich gerade in der wg war, gab mir ein leiter einen brief, absender „swiss unihockey". ich dachte; ok, ich machte den brief auf. darin stand: „hallo christian, wir haben deine leistungen genau beobachtet und möchten dich gerne ins top talent camp im august nach frutigen einladen. ihr werdet von nla spielern trainiert und gefördert. wir würden uns sehr über eine rückmeldung freuen - herzliche grüsse - swiss unihockey".

unglaublich, ich wurde ausgewählt. ich spielte seit einem jahr bei den u21 elite junioren in bazenheid, und jetzt schon ein aufgebot. klar sagte ich zu. ich war so happy. was für `ne ehre. `ne woche später hatten wir wg sitzung. es wurde bekannt, wohin es dieses jahr ins lager geht. das ziel war bregenz. eine wanderung von flawil nach bregenz, etappenweise. ich fand diese idee super und sofort war mein ehrgeiz da. ich wollte natürlich der erste sein. es wird aber nicht einfach sagte ein leiter, denn ein anderer bewohner, nennen wir ihn peter, sei schlanker und schnell wie ein wiesel, was mich nur noch mehr motivierte. im august ins top talent camp und im oktober eine wanderung nach bregenz. das wird streng, aber ich wollte es ja so. die leiter hatten zwar bedenken, ob ich dies alles körperlich schaffe, wenn die wüssten, wieviel energie ich hatte. es wurde august und mein erstes jahr der lehre ging zu ende und das neue begann. wenn ich ein fazit ziehen würde zum ersten jahr würde dies so klingen: „ich hab es überlebt" und „wtf" ende august war es dann, soweit das erste endete und das neue begann, mein zweites und letztes jahr in der lehre, und ich wurde befördert zum oberstift. es kamen neue lehrlinge dazu und dies war für mich eine neue situation. plötzlich bin ich nicht mehr der neue, sondern der oberstift, der den neuen klarmacht, wie es ihr läuft. und da sahen meine lehrmeister, dass ich andere gut führen konnte, eine leader position übernehmen konnte und ich war dankbar, dass ich verantwortung übernehmen konnte. aber dies war noch nicht alles was neu war, denn ich wurde wegen meiner guten leistungen im zweiten halbjahr des ersten lehrjahres in das förderprogramm „extern" aufgenommen. ein förderprogramm in dem man in firmen geht, die in der freien marktwirtschaft tätig sind. meine erste station war camion transport in wil als logistiker, für zwei wochen. in den ersten tagen war es sehr streng, doch dann gewöhnte ich mich daran. aber ich wurde total ins kalte wasser geworfen, aber immer besser und schneller. nach den zwei wochen hatte ich ein auswertungsgespräch. von der firma bekam ich die note 6. „wir haben dich ins kalte wasser geworfen, weil wir in dir ein grosses potenzial sehen, du bist erst 17 jahre und bekamst die note 6, das hat bis jetzt noch keiner geschafft!" ich sah endlich zu was ich fähig war, das erste mal sah ich licht am himmel, mein selbstvertrauen stieg an. ich traute mich mehr, auch in der lehre blühte ich plötzlich auf. extern ging auch einiges, ich war bei alba krapf in schwarzenbach, schloss es auch mit der note 6 ab.

so wurde es august. ich hatte mich ja für das ehemaligen treffen im chilberg angemeldet. ich machte mich auf den weg. doch bevor ich zum chilberg hinaufging, machte ich einen abstecher ins kloster. „hallo michel, hab dich nicht vergessen, in meinem leben geht es gerade nicht so wie geplant, aber ich kämpfe mich durch. ich vermisse dich michel, hoffe bei dir geht es gut, da wo du bist." ich blicke zum chilberg, hätte nicht gedacht, dass ich wieder so schnell hierherkäme. als ich bei der schule ankam, für mich war es eine rückkehr. eine rückkehr zu einem anderen leben, das ich vor der lehre führte. aber ich sah viele bekannte gesichter. ja es fühlte sich wieder wie zuhause an. ruth, claudio, rita, alex, kevin, adrian, kim; sie waren alle da. bruno, petra, marco, krempel, michael, severin, andreas, patricia usw. eigentlich wollte ich dieses leben hinter mir lassen, aber wie das halt so ist, holte einem die vergangenheit immer ein. „hallo chnuschti, auch schon hier?" ich schnaufte durch und verdrehte meine augen und sagte genervt: „hallo max, egal was du vor hast, die zeiten des mobbings sind vorbei, aber warst du nicht in dielsdorf in der schule?" „tja, du kennst ja die geschichte" ich wollte gerade etwas sagen, da ging er mit einem grinsen. der wird sich nie ändern. wir aber genossen den abend in vollen zügen. schöne erinnerung machten sich breit. ich genoss es vor allem, weil ich wieder „zuhause" war, wenn auch nur kurz. ich lief danach zu fuss nach hause im dunkeln. klarer himmel mit sternen, was für `ne stimmung. ein wenig betrunken kam ich beim elternhaus an. ich hatte `nen schlüssel bekommen. ich schlief durch und ging am nächsten tag wieder nach flawil, weil `ne woche später fand das lange ersehnte camp statt. ich kannte natürlich die ortschaft frutigen und hatte so richtig bock darauf. an dem besagten tag, es war samstag, reiste ich mit dem zug nach frutigen. zwar nicht alleine, aber ich war richtig nervös, was würde mich wohl erwarten? wie würden wohl die anderen sein? würden sie mich so nehmen wie ich war? wir mussten in bern umsteigen und waren kurz am kiosk, um etwas trinken und essen zu besorgen und da passierte fast ein kleines unglück. eine kollegin, die auch dabei war, um mich nach frutigen zu bringen, hätte fast meinen unihockey stock am kiosk vergessen. den neuen, den ich von meinen eltern bekam. den hab ich heute noch. so kamen wir in frutigen an und gingen zum haus. wir verabschiedeten uns. wir von camp wurden im sportzentrum einquartiert. vor dem haus hatte es einen fussballplatz, hinter dem haus war eine minigolf anlage und links hinter dem haus floss ein fluss vorbei. ein wunderschöner ort. die luft hier tat mir gut. es waren etwa 19 andere da, 19 fremde menschen. ja wieder einmal jugendliche in meinem alter. und auch kinder im alter von 10 bis 13 jahren. mit 17 gehörte ich zu den älteren. wir wurden auf verschiedene zimmer verteilt und dann in verschiedene teams eingeteilt. ich war im team rot. das erste training absolvierten wir aber gemeinsam. verteilt auf zwei gruppen in der turnhalle sassen wir im kreis am boden und mussten unsere namen auf ein klebstreifen schreiben und dann auf unsere stirn kleben. ja prost, ich überlegte welchen sollte ich jetzt schreiben? chrigel - `ne zu einfach, christian - `ne zu gewöhnlich. Ah, wie wär es denn damit; ich schrieb ihn auf den klebstreifen und klebte ihn auf meine stirn. oh mann, ihr hättet deren gesichter sehen müssen. „chnuschti" sagte jemand. „jap genau, chnuschti" sagte ich. und alter, sprach sich das schnell rum. niemand hat das kommen sehen. „chnuschti" es war einfach zu merken und hatte schon in der schule funktioniert. schlagartig kannten mich alle. auch der junge, mit dem ich mich schnell anfreundete. sein name war salis. er war ebenfalls im camp und etwa 12 jahre alt. am nächsten tag nach dem training, er war im gleichen team wie ich, wartet er beim eingang vor der turnhalle, um mit mir zum lagerhaus zurück zu gehen. es war ein fussmarsch von 10 minuten zum lagerhaus. „möchte auch mal so gross und stark sein wie du." sagte er mir. wow - das machte mich schon stolz, wenn ein junge dir das sagt. ich sagte: „das wirst du sicher mal sein, glaub mir." wir verstanden uns super. allgemein war es mega cool im camp. meine sorgen? wie weg, es war alles super bis - ja bis zum verhängnisvollen abend, wo ich wohl den grössten fehler meines leben begann und die freundschaft zwischen mir und salis für immer zerstörte. noch heute bereue ich es zutiefst. wie konnte ich nur so dumm sein? ich hatte da so viel zerstört. aber den rückhalt, den ich durch die anderen erleben durfte, war unglaublich. sie sagten mir: „das leben geht weiter!" oder „das geht schon vorbei!" es sprach sich schnell rum, sie wussten es, sie wussten es, sie wussten mein grösstes geheimnis. wie konnte das nur passieren? es war nichts illegales oder etwas das strafbar wäre. aber etwas das man nicht möchte, dass es jemand weiss, vor allem nicht in einem camp, aber es rutsche raus bei dem ganzen spass, den wir hatten nach dem abendtraining auf dem rückweg zum lagerhaus. es war bereits nacht. ich setzte mich weinend zu boden. das einzige was ich rausbrachte war: „ja, es ist wahr!" diese worte änderten alles. schlagartig veränderte sich die stimmung. aber anstatt mich zu verurteilen, standen sie hinter mir. ich durfte ein unglaubliches verständnis erleben. aber ich hasste mich dafür und ich war sicher, dass ich jetzt gehen musste. aber nein, im gegenteil, ich wurde umso mehr mit eingebunden. alle wollten mich auf andere gedanken bringen. es klingt paradox, aber anstatt mich zu ignorieren, fragten mich alle wie es war damit zu leben, es tat mir unglaublich gut. nur salis nahm abstand. ich konnte es ihm auch nicht übel nehmen und ich war ihm auch nicht böse. wäre ich nicht so dumm gewesen, hätten wir vermutlich heute noch kontakt. er war aber stets korrekt. heute bereue ich das ganze. wir hätten so gute freunde werden können, denn ich hatte von ihm sehr viel gehalten. ein grossartiger junge mit einem starken charakter, der wusste, was er wollte, und seinen weg ging und war ein begnadeter unihockey spieler. die restlichen tage waren geprägt von trainings und spielen. ich scorte nach einem pass eines nla-spieler am letzten abend. er gab mir einen pass von rechts und ich hielt meinen stock hin – goal! am morgen des letzten tages wurden die awards verliehen. ich bekam einen award für die engagierteste leistung wärend der woche. der abschied fiel mir schwer, weil es eben eine schöne zeit war, trotz meines dummen fehlers. aber das schlimmste war die gewissheit, dass ich wieder in mein normales leben zurückkehren musste. aber im gepäck hatte ich ein paar neue freunde und die gewissheit, dass ich nächstes jahr sicher wiederkommen würde, wo immer dies dann auch sein würde.

ich reiste alleine zurück nach flawil. während der reise verarbeitete ich all die eindrücke der woche. ich hatte öfter tränen in den augen, weil mich die gefühle einfach überrannten. ich hätte fast geheult, weil es so schön war. es hatte sich mehr als gelohnt. als ich in flawil ankam, wollte man natürlich wissen wie es war? so erzählte ich alles, ausser dem vorfall. den wollte ich so schnell wie es ging vergessen und schwieg wie so oft.

aber mein leben lief sowieso viel zu schnell. denn wenige tage später war oktober und die vorbereitungen auf die grosse wanderung nach bregenz liefen auf hochtouren. dazumal als lehrling hatte ich noch fünf wochen ferien plus eben die bezahlte lagerwoche, weil ich in einer wg wohnte. so kam die lagerwoche und wir starteten in flawil die erste etappe bis st.gallen. ich wollte es zuerst langsam angehen, weil ich noch das camp in den beiden hatte. nach zwei stunden hatte es mich trotzdem gepackt und ich setzte mich an die spitze. peter, der so schnell sein sollte, konnte mir schnell nicht mehr folgen. in gossau war die erste pause und die ersten mussten mit dem zug weiter. und so ging es weiter, über winkeln, damals stand die arena des fc st.gallen noch gar nicht, es wurde noch gebaut (heute arbeite ich beim fc st.gallen, was mich mega stolz macht). ich war fit, aber ich merkte, dass ich noch nicht alles gab, auch weil man mich bremste, um mich nicht davonzulaufen zu lassen. wir kamen in st.gallen an und ich hatte schon mal eine erste duftmarke gesetzt. peter hatte keine chance, aber eben ich wusste, da war noch massiv luft nach oben. gut, man musste halt auch sehen, dass ich erst 17 war, und damit weit jünger als die anderen bewohner und konditionell wie auch kräfte mässig überlegen. es tat aber gut draussen zu sitzen, über die stadt zu schauen und mal die letzten wochen revue passieren zu lassen. da fiel mir auf, dass ich die sache mit der scheidung wirklich vergessen hatte. das camp und die wanderung kamen echt zur richtigen zeit und taten mir auch so richtig gut. ach, wenn es nur immer so sein könnte. denn ich wusste, egal was ich machte, egal wie sehr ich es vergass, wie sehr ich mich ablenkte, ich konnte davon nicht wegrennen. es war meine familie, aber irgendwie fühlte es sich so an, als wäre die wg wilma meine familie. ja wirklich, je länger je mehr hatte ich den bezug zu meiner wirklichen familie verloren. ich war der selten zuhause war. der, der mit 10 jahren ins heim kam. der, der das sorgenkind war. die eltern liebten mich, aber ich hatte verlernt die liebe auch anzunehmen. da spazierte eine familie an mir vorbei. ich sass bei einen grillplatz, der zur jugendherberge gehörte. denn obwohl es oktober war, es war wirklich warm und trocken. es handelte sich um eine familie mit mutter, vater und zwei kindern, einem mädchen und einem jungen. wir grüssten uns. ohne witz, der junge sah fast gleich aus wie ich in seinem alter. er war so neun jahre alt. ich sah in den himmel und machte die augen zu. und erinnerte mich an mein neunjähriges ich. krass, wie sich das alles entwickelt hatte. früher konnte ich mir nicht vorstellen grösser zu werden. ich denke, als kind ist dies einem auch nicht klar, aber es ist normal. ich war völlig in gedanken versunken als mich ein leiter weckte. „das nachtessen ist fertig!" so gingen wir ins haus. drei stunden später war ich in meinem zimmer. aus denn fenster sah ich das kantonsspital st.gallen. ich musste lächeln, war ich doch als kind auch mal dort, in der kinderabteilung. aber ich war noch klein, kann mich aber daran erinnern. irgendwie kann ich mich noch an so vieles erinnern aus meiner kindheit: die familie in schaffhausen, das haus im nebel, die familie, der hof, die unzähligen therapiestunden, ein test da - untersuchung dort, die vielen therapie-sitzungen in wil sg. auf diese hatte ich stets gefreut. auf die modell-eisenbahn, die der therapeut hatte. an eine therapiestunde kann ich mich noch gut erinnern, die in wallisellen. auch wenn ich nur einmal da war. es war sommer, 35 grad, meine familie ging ins freibad und ich musste bei einer therapeutin bleiben, die ich nicht mal kannte. die hatte einen hund und eine hängematte, schön war es trotzdem nicht. ich verstehe es ja, dass es sich angeboten hatte, ins freibad zu gehen mit den restlichen drei, aber für mich war es sehr deprimierend. und dann fragte man sich ernsthaft, warum ich nicht motiviert war? ich meine, was hatte es gebracht? ging es darum mich für ein paar stunden loszuwerden? oder um was ging es? ich bin heute dreissig und langsam wäre es mal an der zeit, mit der wahrheit rauszurücken. was war das ziel dieser therapien? ja ich weiss „adhs" aber kommt schon, das war doch nicht der einzige grund. ich hatte viel zeit um über so vieles nachzudenken. im bett und beim gehen wurde mir vieles aus der kindheit klar. die wanderung war für mich wie eine selbsterkenntnis meiner kindheit, obwohl ich dies verdrängen möchte. aber umso mehr ich gegen meine kindheit ankämpfte umso schlechter ging es mir.

am nächsten morgen standen wir um 08:00 uhr auf. frühstück gab es um 09:00 uhr. danach, um 10:30 uhr ging es los. die zweite etappe von st.gallen bis rorschach. wir marschierten los. ich war irgendwie schlecht drauf. meine beine liefen, mein kopf wollte nicht. aber es musste weitergehen, schon immer in meinen leben, es musste immer weitergehen. auf der zweiten etappe war ich im kampf mit mir selber. ich sprach gedanklich zu mir: „weitergehen oder aufgeben? aber wenn aufgeben, was dann, einfach stehen bleiben? wie war es dann früher? als michel starb, hast du da aufgegeben? als du gemobbt wurdest und am boden lagst - blutend, als noch auf dich eingeschlagen wurde, bist du da etwa liegen geblieben? egal was kam, immer wieder bis`te aufgestanden und hast gezeigt wer du bist, der tannegger-bueb!" ja, ich stand immer wieder auf. verdammt, nur um dann wieder eines auf den deckel zu bekommen, in welcher form auch immer. ich weiss noch so vieles, habe es nie vergessen. die schläge gegen den kopf, der teppichklopfer, bis ich mal alt genug war und mich wehren konnte. ich kann vergeben aber nicht vergessen. ich bin deswegen nicht nachtragend, ok find ich es aber dennoch nicht!

wir gingen bis es mal eine pause gab in einen restaurant. nach 20 minuten ging es weiter. nach stunden kamen wir in rorschach an. die jugendherberge war am bodensee. ich setzte mich nach dem nachtessen auf einen stein beim see und schaute dem see zu, schaute in die ferne. mir lief eine träne runter. ich fing sie auf und schaute sie an. ich fragte mich aber

nicht warum ich `ne träne hatte, sondern wie
hätte ich es besser machen können als kind,
zuhause wie in der schule? denn trotz allem
gab ich mir die schuld, für das was mir
passierte: im jeep hätte ich auch aussteigen
können oder zumindest auf meinem platz
sitzenbleiben, oder meine eltern nicht zur
weissglut treiben, einfach brav sein wie
andere. der sohn, den sie wollten, war ich nie.
mir in der schule mühe geben, um etwas zu
werden. ich war der erstgeborene sohn der
zweiten generation, eine würde, die ich nicht
zu tragen wusste. aber als kind wollte ich den
anderen gefallen, dass sie stolz auf mich
sind, mich mochten, dass ich meinem titel
gerecht würde. aber ich machte nur
probleme, war nachtaktiv, war hyperaktiv und
in meinem damaligen alter hatte ich zu viel
kraft, die ich nicht kontrollieren konnte,
andere mussten darunter leiden.
die sonne ging am horizont unter. der anblick
wunderschön. ja stimmt, es gab auch schöne
momente in meiner kindheit: serfaus-fiss-

ladis, was hatten wir da alles erlebt, aber das wäre stoff für ein „spin-off buch", zu meiner biografie-reihe, das 2021 rauskommt. ich verrate nur so viel, es wird sehr spannend. „fiss road to champ" - charly & johannes, skischule fiss, après ski (schirmbar), giovanni der italiener, berta die kuh, das wunder von fiss. aber mehr möchte ich noch nicht verraten.

... oder die tage, die ich mit meinem vater im lkw mitfuhr, unzählige tage und stunden, die ich so vermisse, die ferien in gran canaria und grindelwald - meinem heimatort, die vier tage im europa-park.... schöne tage schöne stunden, die ich sehr genoss, zugleich auch wichtig waren. ja, es gab sie. aber wo licht war, war auch schatten. und denn zog ich magisch an. wie andere jugendliche fragte ich mich, wer bin ich, wo ist mein platz im leben? fragen über fragen und keiner gab mir antwort. gehörte das zum erwachsen werden dazu? erwachsen werden, kann ich das überhaupt? ein warmer wind wehte durch mein haar, das mittlerweile nicht mehr blond war, sondern nur noch braun. ich spürte eine art geborgenheit und wärme und mir kam mein grossvater in den sinn, den ich leider mit 14jahren verlor. er fehlt mir so. seine letzten worte an mich waren: „machst du mir eine holzkerze?" diese worte würde ich nie vergessen. auch heute mit dreissig bekomme ich immer noch gänsehaut, wenn ich daran denke. die sonne sie ist untergegangen und die lichter der anlagen gingen an. ich schaute zum himmel und da sah ich den einen stern hell am himmel leuchten. ich machte die augen zu und sagte innerlich „hallo grossvater." ich machte die augen wieder auf und ging zufrieden rein und ins bett. am nächsten morgen war ich früh wach, hatte nicht gut geschlafen. alpträume von früher, wie ich sie hasste. ich schaute nach draussen. es war schlechtes wetter. regen und kälte zierten den morgen. der platz, an dem ich gestern abend noch sass, war völlig verwüstet durch den sturm in der nacht. die dritte etappe ging von rorschach bis hard in österreich. die letzten zwei etappen gewann ich ja. peter hatte mühe mir zu folgen auch diesmal. ich war so richtig angestachelt, ich war sauer wieso auch immer. ich wollte es als kind allen beweisen, dass ich es auch schaffen konnte und bereit war, dafür zu leiden. in der schule wurde ich kaum gefordert, weil man mich eben unterschätzte und mir nichts zutraute. Immer, wenn man mich unterschätzte, war ich besonders motiviert. aber ich ging nicht blindlings drauf los, sondern machte es mit taktik und strategie, auch in der schule. vieles hatte sein gründe und war von mir teils so gewollt. ich hatte die fähigkeit aus jeder situation einen strategischen und taktischen vorteil zu ziehen, ohne dass irgendwer im nachteil war. man sollte mich nur nicht unterschätzen, sonst konnte es gerne passieren, dass ich wirklich einen vorteil daraus zog, aber zum glück nur selten, und wenn schon dann merkte man es nicht. zum ersten mal taten meine füssen weh. der regen und die kälte drückten durch die jacke, wie durch meinen kindheit. vor allem in den letzten zwei jahren in der schule, da war ich 15-16. plötzlich kam druck dazu von zuhause und der schule. alle erwarteten von mir grosses. ich sei schliesslich der erstgeborene und vierfacher klassenbester und ich sei schliesslich in der zweitbesten klasse im chilberg. die ersten drei jahre, also erste bis dritte klasse, hatte ich nichts gelernt. und dann plötzlich viermal klassenbester in der neuen klasse von dritter bis siebter klasse. dann kam ich eben in die zweitbeste klasse. plötzlich erwartete jeder etwas von mir. plötzlich war ich nicht mehr der kleine junge, sondern der, von dem man glanzleistungen erwartete. aber niemand sah denn missbrauch. niemand sah, wie oft ich verprügelt wurde. niemand sah, wie oft ich gemobbt wurde, wie ich blutverschmiert war. mir beim bach das blut entfernte, nur damit ich keinen ärger bekam, weil man immer das gefühl hatte, ich hätte jemanden verprügelt.

nur weil ich schon immer stärker war als die anderen jungen. ich hatte mich dazumal mehr und mehr zurückgezogen. in der achten und neunten klasse hatte ich mich total verändert. aus dem kleinen jungen wurde ein teenager ohne plan und ohne sinn, ohne wo und wann, wie in einen raum voller dunkelheit. ein teenager, der immer noch die wunden leckt des missbrauchs. von genau diesem teenager wurde so viel erwartet. man wusste aber nicht wie es mir ging. aber man fragte sich, warum ich mehr und mehr aggressiver und verschlossener wurde? man konnte sagen was man wollte, aber ich wurde teilweise schon sehr alleine gelassen. mal `ne umarmung, mal ein „wie geht's dir?" mal ein „hab dich lieb!" mal ein „bin stolz auf dich!" wie sehr sehnte ich mich danach.
jetzt war ich in einer wg mit „alten" menschen, sozusagen wieder abgeschoben. sollten die sich doch um ihn kümmern, war es so? zumindest fühlte es sich so an. je weiter wir liefen umso schöner wurde das wetter.

auch die luft wurde wärmer. wir standen vor der grenze zu österreich. wir liefen einem langen fluss entlang auf einen hügel. würde dieser weg auch mal ein ende haben? gleichzeitig machte ich mir auch gedanken. wie sollte es auf die länge weitergehen? in der wg wilma bleiben kam für mich nicht in frage, zu gross waren einfach die unterschiede zwischen mir und den anderen bewohnern. wieder in eine wg? nein danke, hatte die schnauze langsam voll von dem ganzen immer leiter um mich zu haben. Verdammt, ich brauchte keine betreuung, menschen die mir sagten, was ich zu tun hatte. mehr und mehr hasste ich es erst 17 zu sein. aber wartet nur ab, wenn ich dann 18 würdee, dann war ich frei, endlich frei, endlich würde ich selber entscheiden können. „dann könnt ihr mich alle!" ich meine die wg wilma war ja nicht schlecht, aber come on - ich ein jugendlicher, in eine wg zu stecken, wo der jüngste 40 war, ich finde das verantwortungslos. ich kam mir vor wie in einem altersheim. aber dazu und meine meinung zur lehre am ende des buches. wir kamen endlich in hard an und ganz ehrlich, es war die schönste jugendherberge, die ich je gesehen hatte. wir waren ganz für uns alleine. nach dem nachtessen, ging ich alleine spazieren mit meiner musik. ich hatte noch ein paar euro dabei und kaufte mir etwas. danach dämmerte es und ich ging wieder zurück. ich sah noch den sonnenuntergang. der himmel färbte sich lila und orange, traumhaft! „papa, schau mal den himmel" „oh ja mein sohn, richtig schön. weist du mein sohn, so sah es aus, als du geboren wurdest. mein schönster tag in meinem leben." ich schaute zur seite und da stand ein vater mit seinen sohn. der sohn lehnte sich an seinen vater und der vater legte seine hände auf die brust des sohnes. dieses bild - ich musste fast weinen, weil man es richtig spürte, dass sich da zwei gefunden hatten. vater-sohn-liebe, der sohn war so 12 jahre alt. der sohn entdeckte mich. ich sass auf einer bank. er kam zu mir „ich möchte nicht stören, aber könntest du bitte ein foto von mir und meinen vater mit dem sonnenuntergang machen?" „klar mach ich doch gerne." ich nahm die kamera, der moment war perfekt, vater und sohn - und im hintergrund der sonnenuntergang. sie sahen so glücklich aus, so sorgenfrei, sicher eine glückliche familie. so sehr mich das für sie freute, umso mehr tat es mir weh, und wieder dachte ich mir: „wieso kann es bei uns nicht so sein?" „kann ich mal sehen?" ich wurde aus den gedanken gerissen, der junge stand vor mir. „äh - ja klar sorry." ich gab ihm die digital-kamera. der junge schaute sich mit seinem vater das bild an. sie sahen zufrieden aus mit dem resultat. der vater packte die kamera wieder ein. der junge kam noch zu mir, um sich zu bedanken, dabei bemerkte er meinen schmerz. „ich sehe deinen schmerz, aber lass ihn zu und wachse daran." ich erschrack, wie um alles in der welt sah er mir das an? er kannte mich überhaupt nicht, wie war sowas überhaupt möglich? der bengel war gerade mal 12 jahre alt. er legte seine hand auf mein herz und sagte: „in deinem herz herrscht krieg und grosse unsicherheit. du bist gefangen zwischen den fronten und ohne ausweg, aber höre auf dein herz und es wird dir den richtigen weg weisen. glaub an dich christian." er sah mich an „du kennst mich zwar nicht mehr, aber wir sind uns schon mal begegnet. ich war damals noch klein. du kannst dich nicht mehr daran erinnern, dafür mein leiblicher vater. das hier ist nicht mein richtiger vater." ich wollte ihn gerade fragen, wie denn sein leiblicher vater hiess. „wir müssen los der zug richtung schweiz wartet!" rief sein stiefvater. sie hatten sich in der zeit geirrt. „aber hey junge, hey..." aber er hörte mich nicht mehr. ich sass da und ja was und? nein, ich erinnerte mich wirklich nicht daran und doch kam er mir bekannt vor. er hatte gar keine scheu vor mir. er sprach mich mit du an, kannte sogar meinen bürgerlichen namen und kam aus der schweiz. ich sass immer noch da - mit gänsehaut. wieso kannte er mich? wieso kam es mir so vor, als kannten wir uns schon seit klein auf? wieso? wieso? verdammt, warum gab mir das universum keine klaren antworten? aber in meinem herzen herrschte wirklich krieg. ein krieg, den nur ich alleine beenden konnte. und dann hoffentlich antworten auf all meine fragen bekäme. ich ging zurück zum haus. die sonne war längst untergegangen. am nächsten morgen machten wir uns bereit, für die letzte etappe von hard nach bregenz und dann rauf zum pfänder. eine harte etappe, aber sie wurde noch viel härter, als ich gedacht hatte. aber der reihe nach. nach dem frühstück gingen wir los. meine beine waren noch müde, ich war müde. die letzte nacht hatte ich nicht gut geschlafen. alpträume mal wieder, ich hatte in einer nacht all das schlechte geträumt, das ich in meinem leben schon hatte. so real, so echt wieder einmal. der weg wurde länger und länger. nie hätte ich gedacht, dass dies was ich versuchte zu verdrängen so zum vorschein käme. ich wollte damit abschliessen, es ruhen lassen, ein neues leben beginnen, ohne meine kindheit, wollte sie vergessen, sie nicht als meine kindheit sehen, und auch jetzt versuchte ich sie zu vergessen, einfach um mich selber neu zu entdecken. geht es nicht jedem so? die kindheit -inwiefern ist sie als erwachsener noch wichtig? ich meinerseits, hatte sie bis heute verdrängt und je mehr biografische bücher ich über mich schreibe destso mehr verdränge ich meine kindheit. ich hatte gehofft meine kindheit dadurch besser zu verstehen, damit abschliessen zu können, frieden zu finden. aber das war leider zu optimistisch und ehrlich gesagt, rede ich nicht gerne darüber. eigentlich hatte ich bis heute mit niemandem über all die negativen erlebnisse aus meiner kindheit gesprochen - aus stolz? weil ich niemanden belasten möchte? bücher sind für mich die einzige möglichkeit über meine kindheit und jugendzeit zu sprechen, mich zu öffnen. und mag es nicht jedem gefallen, ist es doch wichtig für mich.

nach einer stunde hatten wir die erste pause. ich hatte am fuss zwei bläschen, genau an zwei blöden stellen, aber niemand sollte das sehen. ja, so war es auch früher. keiner sollte meinen schmerz sehen, ob körperlich noch seelisch, niemand sollte sagen ich sei ein weichei oder ein schwächling. als junge wollte ich es wie ein mann nehmen, mir nichts anmerken lassen. ein mann heult doch nicht. ein mann hat stark zu sein. so wurde uns jungs früher das männerbild vermittelt. wir kannten nichts anderes. es war `ne andere zeit. von aussen den starken jungen, auf den man stolz ist, im innern der kleine junge, der nach hilfe schreit.

wir gingen weiter, doch ich war schon immer anders, anders als die anderen, als die anderen jungs in meiner kindheit. ich wollte schon als kind berühmt und bekannt sein. gut – klar, heute sehe ich vieles anders, denn ob man berühmt ist, hängt davon ab, wie man berühmtheit definiert. nimmt man meine verhältnisse, würde ich schon sagen das ich berühmt bin, ohne jetzt überheblich oder arrogant klingen zu müssen. ich weiss wo ich herkomme und wo ich war als kind. und trotz allem habe ich meine herkunft und meine wurzeln nie vergessen, und werde es auch niemals. ich bin bürger von grindelwald (väterlicherseits), geboren in frauenfeld, aufgewachsen im schönen dussnang und immer, wenn ich wieder nach dussnang komme, bin ich einfach nur „dä buurebueb vo de tannegg" und ich weiss ganz genau, irgendwann werde ich alles hinter mir lassen und in dussnang ein bescheidenes leben führen mit meiner familie. denn da gelten meine erfolge und berühmtheit nichts, da bin ich einfach nur, der sohn, der bruder der onkel, der neffe. aber ich bin mir auch der deutschen wurzeln (mütterlicherseits) bewusst, kottwitz, der nachname aus freiburg im breisgau. ich kann sogar ein wenig badisch, was ich einen sehr schönen dialekt finde. aus freiburg stammt auch mein blaues blut, denn früher lautete mein deutscher nachname noch „von kottwitz" was viele nicht wissen. leider hat man denn adelstitel dann verkauft. denn titel kann man verkaufen aber das blut, fliesst durch meine venen. auch ein grund, warum ich schon als kind in schlösser und burgen sehr wohl war. aber ich schweife ab - zurück zur story.

wir wanderten schon seit vier stunden und auf einmal waren wir da, in bregenz. ich war das erste mal in bregenz. was für `ne schöne stadt. wow, aber viel zeit, sich die stadt anzuschauen, hatten wir nicht, denn das finale stand noch an. der pfänder - ein berg, den wir auch mit der seilbahn hätten erreichen können, aber hätte, hätte... fahr, naja, ihr kennt den spruch. wir gingen nach einer kurzen pause los. jeder schritt tat weh, jeder schritt war schwer, peter war fitter als ich und konnte mithalten, ja er ging sogar in führung. ich musste richtig kämpfen, aber so war es doch immer in meiner kindheit im chilberg. jede woche wurde ich verprügelt, lag blutend am boden, doch ich stand immer wieder auf, ich wurde ständig gemobbt, ich stand wieder auf. es gab ihn, den krieg zwischen internen und externen. entweder du frisst oder wirst gefressen. ich, damals als siebenjähriges kind, kaum in der schule schon in die mangel genommen und gleich klargemacht, wies es im chilberg läuft. und es verstand sich von selbst, dass man nicht petzte. man musste sich unterordnen, aber ich war schon als kind nicht jemand der sich unterordnete, sondern immer auf konfrontation ging. sie verprügelten mich. sie wollten, dass ich mich wehrte, aber ich wehrte mich nicht, stand aber immer wieder auf, hatte auch mein stolz. nicht selten lief ich blutend nachhause, wischte das blut im bach ab, nur dass es ja niemand sah. ich schwor mir jeden tag, dass ich niemand anderen schlage, krieg hin oder her. lieber liess ich mich verprügeln, als selber der schläger zu sein und genau deshalb wurde ich gemobbt, weil ich mich immer wieder weigerte, einen internen schüler zu schlagen. denn wer gewalt anwendet, der zeigt schwäche. ich lief zum berg, immer schneller. ich gönnte mir keine pause, holte auch noch die letzten reserven aus meinem körper, ohne zu wissen, ob mein körper der enormen belastung standhalten würde. ich blendete die signale meines körpers aus. ich wollte der erste sein. peter war etwa fünf minuten vor mir. plötzlich streikte mein körper und ich brach zusammen, völlig fertig, schmerzen am ganzen körper, ich konnte mich kaum bewegen. vorbei war der traum. mein blutdruck sank in den keller. ich war am boden und wieder ein flashback zu meiner kindheit. es war juni im jahr 2001. ich war gerade knapp drei jahre in der schule, gerade 11 geworden. mobbing und schläge waren wie schon mal beschrieben an der tagesordnung. aber dieser tag sollte „der tag" werden für mich. bevor die schule überhaupt losging, wurde ich wieder gemobbt, weil ich ein bauernsohn bin. „stinktier", kuhf***er", „bauerntrottel" waren noch die harmlosesten beleidigungen. sie taten auch weh, aber „dorftrottel",„kauf den mann" oder „buuresohn, h***sohn" waren für mich dazumal schlimm. so ging es den ganzen tag weiter, ach was sage ich, jeden tag. alles frass ich in mich hinein. all die schläge ertrug ich bis zu diesem tag. es war nachmittags pause, ich war oberhaupt des pausenplatzes und da kamen sie wieder. es waren immer die gleichen, zwei packten mich und die anderen zwei schlugen auf mich ein bis ich blutend am boden lag. ich war am ende. der anführer der gang kniete zu mir und flüsterte in mein ohr: „michel ist nicht mehr hier um dich zu beschützen, kannst dir schon mal einen platz neben seinem grab aussuchen." er steht wieder auf und lächelte, ohne zu wissen, was er gerade in mir ausgelöst hatte. das war das erste mal, dass ich als kind spürte, wieviel kraft in mir steckte. „oh, das war ein fehler." sagte ich zu mir. die anderen packten mich wieder und stellten mich auf die füsse. ich schaute zu boden. der anführer wollte mich gerade schlagen, da hielt ich seine faust auf, zentimeter vor meinem gesicht, während ich immer noch auf den boden schaute, sagte ich „das problem, wenn man sich mit einen bauernsohn anlegt," ich schaute ihn an „man weiss nie, wie stark dieser ist!" ich drückte seine faust mit all meiner kraft zu, riss mich los, packte seinen arm und schlug mit voller wucht zu. er krümmte sich am boden. die andere drei gingen auf mich los, doch sie hatten keine chance. ich war so blind vor wut. als sie am boden lagen, griff mich wieder der anführen an - von hinten. es entbrannte ein kampf. er war notabene zwei klassen über mir, einen kopf grösser als ich. all meine wut kam aus mir heraus, was sich all die jahre angestaut hatte, ich hörte erst auf, als er am boden lag und ich auch auf ihm drauf. ich wollte gerade meine faust in sein gesicht schlagen da schrie jemand: „chnuschti, hör auf, stopp!" da begriff ich erst was los war,

ich sah in seine augen. ich hatte noch nie solch eine angst gesehen. ich flüsterte noch zu ihm: „beleidige michel nie mehr, du hast null ahnung, was du damit auslöst." dann hielt ich meine hände vors gesicht. sie waren voller blut. ich stand auf. der anführer lag immer noch auf dem boden. mir war es egal, denn zum ersten mal hatte ich mich gewehrt. plötzlich fingen die anderen schüler an zu klatschen. endlich hatte sich mal jemand gewehrt, endlich bekam ich mal zuspruch. das ende des liedes war, dass der anführer von der schule geschmissen wurde und ich keine strafe bekam, weil ich das opfer war, das sich gewehrt hatte und obwohl ich wusste, dass gewalt scheisse ist und nie die lösung ist, war es die einzige möglichkeit, endlich daraus zu kommen.
während ich über meine kindheit nachdachte, kehrte in mir meine kraft zurück. mein puls war wieder da, aufgeben – ich – niemals! ich war aber nicht alleine, ein wanderprofi, der die leiterin der wg kannte, war mit mir. wir

gingen wieder los. ich hatte zwar schmerzen, aber ich dachte an all die dinge, die ich an dieser wanderung in der ganzen woche gedacht hatte und jeder schritt gab mir kraft. ich kämpfte mit mir selber, wollte den inneren schweinehund besiegen. schnell holten wir die anderen ein und überholten sie. für mich gab es kein halten mehr. ich ging so schnell, dass der wanderprofi nicht mehr mithalten konnte. er liess mich ziehen. mich hatte der ehrgeiz wieder gepackt. es war paradox, jeder schlechte erinnerung, jeder schmerz aus meiner kindheit gab mir kraft. ich wollte es allen beweisen, dass ich auch was kann. zu viele male stand ich im schatten anderer. ich war nur der junge mit adhs, der junge mit dem sprachfehler, der junge mit einer leichten geistlichen behinderung, der es verdammt nochmals zu etwas gebracht hatte. und all die wut und der wille, gaben mir die kraft, trotz all meinen schmerzen und zwei blasen an jedem fuss und in dem moment war ich oben. ich hatte es geschafft, ich hatte es verdammt nochmals geschafft. scheiss egal wie scheisse es mir ging, egal wieviel schmerzen ich hatte, egal wieviel auf mich eingeschlagen wurde, egal - mich konnte nichts stoppen! ich stand auf einem felsen der in der richtung der berge und des himmels zeigte und schrie es aus mir heraus. das war die initialzündung für mein zweites lehrjahr. an diesen tag setzte ich mir ziele für eben dieses zweite lehrjahr. denn mir wurde eines bewusst, ich musste selber aktiv werden, um etwas an meiner situation zu ändern. ich konnte nicht immer auf die anderen hoffen. apropos die anderen, die kamen auch nach etwa 20 minuten. das wetter war perfekt. ich stand immer noch auf dem felsen. der wanderprofi sagte: „ich habe noch nie einen so schnell einen berg hinauf laufen sehen der erst 17 war!" was für eine ehre und für mich die bestätigung, wenn ich mich anstrengte, konnte ich auch etwas erreichen. ich setzte mich auf den felsen und schaute in die bergwelt, schloss die augen zu und sagte zu mir: „siehst du grossvater, ich hab es geschafft!" und wieder durchzog ein warmer wind meine haare. ich öffnete die augen wieder und stieg hinunter mit der vollen überzeugung, es zu packen. wir grillierten zusammen und waren stolz es geschafft zu haben. jeder auf seine art. danach ging es mit der bahn runter. ja, musste man sich auch mal gönnen. wir gingen zur jugendherberge in bregenz. die war mega schön und nahe am bodensee. nach dem nachtessen machten wir noch einen spaziergang durch bregenz, eine wunderschöne stadt und auch zur seebühne, wie gigantisch die war. nach dem spaziergang gingen wir schlafen. am nächsten morgen ging es mit dem zug zurück nach flawil. mit wehmut dachte ich an die tage zurück und ich schwor mir diese wanderung irgendwann zu wiederholen, alleine. als wir wieder in der wg zurückkehrten war es Samstag. am montag musste ich wieder arbeiten. viele neue lehrlinge kamen dazu. ich war aber zunächst für einen schnupperlehrling aus der hps flawil zuständig. sein name war leon,14 jahre alt, blonde haare, er trug eine halskette mit einen totenkopf aus metall. meine lehrmeister meinten, ich konnte gut mit kindern umgehen. Ja, das ist so, aber ich wollte doch... „keine wiederrede!" na dann: „herzlich willkommen im buecherwäldli!" es war nicht so, dass ich der chef von leon war, dies waren immer noch und zum glück, die lehrmeister. es war in etwa das gleiche prinzip wie im chilberg mit dem „götti". ich zeigte him alles. in der pause hing er mit mir ab und da viel mir auf, wir hatten uns schon mal getroffen, nämlich als ich mit der wg in der hps war. er war der junge, der mich fragte, in welche klasse ich gehe. verdammt, wieso fiel mir dies nicht gleich auf? „hey leon, damals in der hps - ich äh..." „ach schon gut, eines muss du mir aber verraten, warum hattest du so gezittert?" ich schwieg, sagte dann aber: „ich kannte niemanden und dich auch nicht. da kann man schon ein wenig nervös werden." „ein wenig ist gut." danach klingelte es und die pause war vorbei. während ich arbeitete, musste ich die ganze zeit daran denken. mir war es schon klar, wieso ich gezittert hatte. denn mittlerweile kam bei meiner therapie etwas zum vorschein, dass ich mit aller kraft versuchte erstens nicht wahrhaben wollte und zweites verabscheute, aber nicht nur das. nach einigen tagen hatten leon und ich `ne solch starke bindung, die ich zuletzt nur mit michel hatte. am freitag wusste ich auch wieso, leon sah michel zum verwechseln ähnlich mit seinen blonden haaren und seinen 14 jahren. alles an ihm erinnerte mich an meinen ehemaligen besten freund. ich versuchte aber ihn nicht als michel sondern als leon zu sehen. aber genau wie mit michel, waren leon und ich schwer zu trennen. es war krass, nie hätte ich das gedacht, wir verstanden uns blind. er war auch typisch 14 jähriger junge - wild und selbstbewusst. er hatte aber auch facetten, die mich an mich selber erinnerten. in der zweiten woche seiner schnupperlehre, als wieder mal pause war, sagte ich ihm: „deine halskette finde ich hammer!" er nahm die halskette in die hand und sagte: „die hab ich von einer sehr wichtigen person in meinen leben bekommen, die mir sehr viel bedeutet hat." ich merkte wieviel sie ihm bedeutete. er wischte sich eine träne weg. ich verstand ihn total. ich sah in leon nicht nur jemand, der eine schnupperlehre machte, sondern ein junge, der auch vieles erlebt hatte. aber der weiss was er möchte und einen klaren weg geht. und schon war die pause wieder vorbei. und schon kam der letzte arbeitstag seiner schnupperwoche. ich muss sagen, ich hatte ihn mehr als nur ins herz geschlossen. ich fühlte mich wirklich für ihn verantwortlich, im übertragenen sinn. das erste mal hatte ich einem jungen menschen sowas wie `nen weg gezeigt und war da für ihn. er hat mehr verdient als er hatte. er sagte mir mit volle freude, dass er in zwei jahren in die lehre als metallbeabeiter kommen kann „dann sehen wir uns öfter." „das freut mich für dich leon - ernsthaft, nur dass ich dann nicht mehr da sein werde, weil ich schon im zweiten lehrjahr bin." er merkte offenbar zwar meine freude für ihn, aber gleichzeitig auch, dass ich dann nicht mehr da sein würde. „daran hab ich gar nicht gedacht. weisst du, du warst einer der gründe, weshalb ich hier meine lehre machen möchte. du bist mir ans herz gewachsen. und auch wenn ich manchmal wild, laut und frech war, bliebst du immer cool und hast mich wieder auf den boden gebracht, selten war jemand so für mich da, und darum möchte ich dir was schenken." leon und ich befanden uns in der garderobe. es war 16:15 uhr. er griff hinter seinen hals und machte seine halskette ab, die nicht aus einem metallband bestand, sondern aus leder. „auch wenn sie mir mehr bedeutet, als alles in dieser welt, möchte ich sie dir schenken, als zeichen meiner freundschaft und als dank für alles." er streckte sie mir entgegen. ich konnte es nicht glauben. die ist ihm doch so wertvoll, ich war den tränen nah. „aber sie ist dir doch so wertvoll." „ja, ist sie, darum hoffe ich, du wirst sie immer in ehren halten und gut darauf aufpassen. sie soll dich an mich erinnern" ich nahm sie und wieder war ich den tränen nahe. es war so unglaublich. noch heute hab ich sie, sie liegt immer auf meinem nachttisch. jeden tag erinnere ich mich an leon und an diesen tag. der abschied war dadurch noch härter... ein weitere motivation für meine lehre.

'ne woche später machte ich mich bereit für das camp von swiss unihockey und wallis-ferien in sass-almagell, welche im anschluss an das camp stattfanden. ich musste also für beide wochen packen, jedoch nur ein gepäck mitnehmen, da meine leiter den zweiten koffer mitnahmen. da ich ja in dann in frutigen auf den zug aufspringen würde, der ins wallis fährt. für das camp war ich nicht nervös. ich kannte ja die meisten vom letzten mal. ach, obwohl ich war schon nervös. auch dabei war ein junge names nico. er war jünger als wir, und vom ersten tag an wurde er von den schänzlis, die leider auch wieder mit dabei waren wie vor einem jahr, gemobbt und in den schrank gesperrt. nachdem die beiden milchbubis versucht hatten mich zu provozieren, dass das nicht richtig war, war ihnen egal, dass ich aber einen kopf grösser und um einiges stärker als sie war, wohl doch nicht. als ich dann mal meine muskeln spielen liess, war schnell ruhe. ich war auch zwei jahre älter als diese schänzlis. ich sah nur jünger aus als sie. darum gingen sie dann auf nico los, weil er angeblich schwul sei. er war erst 13 jahre alt. ein- zwei tage schaute ich dem treiben zu, denn ich hatte die hoffnung, dass sich die sache von selbst löste. aber nein, leider nicht. irgendwann hatte ich genug. diese schänzli-bubis, nico und ich schliefen im gleichen massenschlag. eines abends, da sperrten sie ihn wieder in den kleiderschrank. ich wartete bis alle gingen und öffnete dann den schrank, ich blickte in zwei völlig verängstigte augen eines jungen.

ich nahm ihn in den arm. „keine angst, ich sorge dafür, dass es aufhört und zwar sofort." von da an blieb er immer in meiner nähe. ich besprach das mit dem lagerleiter und die schänzli-brüder bekamen eine strafe. aber jetzt nahm ich rache. „hey schänzlis, kennt ihr mich noch? ja genau, ich bin der junge, der meinte, ich sei jünger als ihr, ich war der, den ihr versuchtet zu provozieren. aber solche milchbubis fresse ich zum frühstück. vor allem dich grosser, mit deiner streber-brille siehst du aus, wie einer der in der schule damals gemobbt wurde. deswegen gehst du wohl auf jüngere los. dummerweise hast du mit mir den falschen ausgewählt. merktest du denn nicht, dass ich deutlich stärker war als du? warum ich dich nicht schlug? sorry, man schlägt keine zurückgebliebenen menschen. du gingst auf nico los. sagtest, er sei schwul. ich glaub eher, dass du das warst, so wie du andere jungs angeschaut hattest. und was war damals im keller, mit den kleinen jungen? egal, das ist vergangenheit. dein bruder hatte wenigsten noch anstand und hat sich bei nico entschuldigt, aber du? sogar dein papi musste dich abholen. sieh es ein, du hattest gegen mich einfach verloren, den kürzeren gezogen. aber lassen wir das." nico war nicht schwul sondern einfach ein netter jung. trainiert wurde natürlich auch und noch härter als letztes jahr. und ich war seit einem halben jahr unihockey torhüter. das hiess doppelter einsatz, morgen und nachmittag training und am abend „playoff final" blau gegen rot. es war hart umkämpft aber am schluss standen wir wieder mit nur einem „vize-meistertitel" da. aber hey - cool war es. am freitag, am letzten abend feierten wir alle zusammen, ausser die schänzlis. am samstag, nach einer strengen woche war ich mehr als fertig. ich ging zum bahnhof und wartete auf den zug, der ins wallis fährt. nico, den ich die ganze woche beschützt hatte, sah ich, wie er abgeholt wurde. wir hatten uns schon verabschiedet. mich machte es stolz in beschützt zu haben, weil ich mich in ihm wieder erkannte. ich hoffe, ihm geht es gut. hab ihn seither nicht mehr gesehen, denke aber immer wieder gern zurück an das top talent camp in frutigen 2008 vor allem wegen ihm. und so fuhr er davon. ich dachte mir: „machs gut nico und viel erfolg." ich drehte meinen kopf zur tafel, der zug sollte jede sekunde kommen. vorab hatte ich die sms bekommen, dass die leute im wagon 06 waren. der zug kam und ich stieg ein. die freude war gross als ich sie fand. auf der fahrt ins wallis hatte ich jede menge zu erzählen. in saas-almagell angekommen, bekam ich ein grosses einzelzimmer. oh wie dankbar ich war darüber. plötzlich, am abend schlug mein virus wieder zu. ich war zwar müde vom camp, aber das war heftig. und diesmal viel ich in ohnmacht, als ich alleine im zimmer war. alle anderen waren draussen im hotel restaurant. ich hatte gesagt, ich ging duschen. keiner suchte nach mir, weil jeder dachte, ich wäre unter der dusche. ich wurde wieder wach. wie lange mein blackout dauerte, konnte ich nicht sagen. ich sagte mir: „ich schaffe das alleine, geht vorbei." ich raffte mich wieder auf und ging duschen. danach, als wäre nichts gewesen, zu meinen leuten. sie sollten nicht sehen, dass ich litt. mir war dazumal nicht klar, was für ein virus es war. war es überhaupt ein virus? das einzige, was ich zu jener zeit wusste, es schwächte mich brutal. und ich sah alles verschwommen, konnte mich nur schwer auf den beinen halten, da meine kraft für 10 sekunden weg war. ich sass wenig später in der lobby mit den anderen und wurde dann schon wieder ohnmächtig. aber, da ich im sessel sass, merkte es keiner. als ich erwachte, sagte eine leiterin: „geh doch schlafen." es war jedoch erst 16:00 uhr. ich ging ins zimmer, putzte die zähne und legte mich ins bett und ohne witz, innert 10 sekunden war ich weg und schlief bis zum nächsten morgen. ich erwachte um 07:00 uhr. ganze 15 stunde hatte ich geschlafen. das letzte mal, als ich so lange schlief, war ich noch ein kind und hatte sehr hohes fieber, ich war zwei wochen krank. jetzt war ich jedoch top fit. wir gingen den tag durch wandern, noch nicht in die berge, man wollte es ruhig angehen. es hiess, „am Sonntag gehen wir in die berge." mir war das recht. jedoch hatte ich an jedem fuss eine blase - normal halt. am abend brauchte ich zeit für mich. ich war vor 11 jahren in sass-almagell, damals noch mit michel. ich wollte alleine daran gedenken, gerade weil es eine schöne zeit war mit ihm. ich ging an einem bach vorbei, lehnte mich an einen baum, konnte zurückdenken mit dem rauschen des baches und konnte so mit der schönen zeit abschliessen. irgendwie tat es gut endlich davon abzulassen. ich würde sie immer in guter erinnerung behalten, in meinem herzen. die nächsten tage gingen wir weiter wandern. jeden tag kam eine neue blase an beiden füssen dazu. jeden abend musste man mir die füsse mit blasenpflastern behandeln, aber auch wenn es weh tat, gab ich nicht klein bei. auch nicht wegen des virus, also dass wir uns nicht falsch verstehen, es ist nicht wie jetzt das corona-virus, ich nannte es damals nur virus, weil ich nicht wusste, was es war? ehrlich gesagt, wusste ich auch nicht was ein virus genau war? nicht weil ich jetzt irgendwie dumm gewesen wäre, ich hörte nur: „ich hab `ne grippe!" oder „ich bin krank!" ich kannte es schlichtweg nicht, aber damals schwächte mich etwas sehr und verursachte diese ohnmachts-anfälle. es war wie beschrieben, dass ich auf einmal keine kraft mehr hatte und dann minuten später wieder fit war, als wäre nichts gewesen. doch jeder anfall zehrte an meiner energie und auch an meiner gesundheit, doch ich wollte nicht auf meinen körper hören, wollte keine schwäche zeigen. ich wusste nicht woher es kam, bzw. wieso ich es hatte. es konnte einige tage gut sein und dann tauchte es plötzlich wieder auf. also so war es dazumal - heutzutage eher selten. aber zurück zur story, am letzten tag ging es auf den höchsten berg. Ich weiss jetzt nicht mehr wie der hiess, nein nicht matterhorn. obwohl ich acht blasen an jedem fuss hatte, und mich das virus massiv schwächte, wollte ich wieder als erster das ziel auf dem berg erreichen. es war heiss, so 30 grad sicher. wir gingen zum berg und dann erst bergauf. jeder tritt tat weh, aber ich wollte rauf, ich wollte es schaffen. auch um mir wieder mal etwas zu beweisen. ich marschierte und marschierte mit dem klaren ziel. nach fünf stunden war ich oben, mit 10 minuten vorsprung. ich war noch nie so fertig. es war noch viel schlimmer als letztes jahr. mir steckte noch völlig das camp in den beinen, ach was, im körper. dazu dieses blöde virus. aber ich hatte es wieder geschafft, wieder als erster angekommen, wieder nicht auf meinen körper gehört? keine zeit für sowas. ich war stolz darauf, erster zu sein. nach dem grillen hatte ich die wahl zwischen bahn oder wieder fünf stunden den berg runter zu wandern. meine füssen sahen nicht mehr schön aus, aber ich entschied mich dafür zu marschieren. mir war meine gesundheit egal. es hatte aber auch mit meinem stolz zu tun, dass ich natürlich zu fuss runtergehe. es hatte andere dabei, die mindestens 30 waren, die sich auf dem rückweg wie kleine kinder weigerten weiterzugehen. na super, und unter solchen leuten sollte ich erwachsen werden? ein grund mehr warum die wg wilma für mich aus heutiger sicht nicht ideal war. irgendwann kamen wir im lagerhaus an. ich wurde nach dem duschen wie immer verarztet. darauf ihn war nachtessen. nachher gingen ich und ein paar wenige zum abschluss nach saas-fee in den ausgang. war `ne erfrischende woche, aber leider auch sehr streng. wir blieben bis 22:00 uhr. danach trotteten wir wieder zurück und gingen alle schlafen.

`ne woche später war ich bei einem externen einsatz bei einer firma, die wohnungs-räumungen macht. es handelte sich um messi-wohnungen. Das war anfangs nicht wirklich einfach für mich, weil ich es nicht kannte und nicht wusste, was auf mich zukam. die erste wohnung wurde 1980 zum letzten mal bewohnt. alter, da war ich noch nicht mal geboren... so sah sie auch aus. ich musst `ne maske tragen, das tat ich aber auch freiwillig, weil ich bekam das grosse gefrierfach zum ausmisten. glaubt mir, es stank bestialisch, es war voll mit fleisch und notabene, in dieser wohnung hatte seit 1980 niemanden mehr gewohnt. auch der strom war seither abgestellt worden, somit hatte das gerät auch keinen strom mehr. ich nahm das fleisch und schaute auf das ablauf-datum. es war 1980 abgelaufen. ich musste mich echt anstrengen dass das mittagessen im magen blieb, zudem hatte ich das gefühl, dass das fleisch lebte. weitere einzelheiten erspare ich euch diesmal. es war grauenvoll, aber es war mir auch eine lehre, ich schwor mir, sollte ich jemals alleine wohnen, würde ich es nicht soweit kommen lassen. die arbeit war zwar grauenvoll, aber ich machte sie trotzdem weiter. nach drei tagen waren wir fertig. auch wenn es nicht einfach war, hatte ich es gerne gemacht. es wurde november. meine eltern sah ich nur noch selten. ich hatte irgendwie den bezug zu meiner familie verloren. ich war halt der, der weg war. seither hatte ich das gefühl, keine familie mehr zu haben. so fühlte es sich zumindest an. obwohl ich oft die familie gebraucht hätte, aber ich hatte garcia als meine familie gesehen. das einzige was mich mit meiner familie verband war das blut und der nachname. aber emotional - nein, seit ich mit 10 jahren ins internat musste, auch vorher, es hatte sich nie wie eine familie angefühlt. vielleicht war ich auch gefühlskalt. ich wusste nicht, wie es sich anfühlt geliebt zu werden. zuerst sechs jahre im internat, wochenenden und ferien zuhause. dann mit 16 jahren ganz weg. klar, dass mir dann irgendwo der bezug fehlte. andere waren mehr familie für mich als meine eigene familie. nie war jemand stolz auf mich. ich war wohl als sohn eine enttäuschung. aber wegen des bezugs, ich wurde mehrheitlich von anderen, fremden

leuten erzogen im internat und in der wg.
man gab mich sozusagen ab, auch wenn man
dies nie so sagen würde. ich wuchs ja auch
mehrheitlich in anderen, fremden häusern
auf. ich grenzte mich auch bewusst ab, es tat
mir immer weh im herzen, wenn ein elternteil
unter der scheidung leiden musste. ich
flüchtete davor, wollte es einfach immer noch
nicht war haben. leider hatte es in meinem
ersten lehrjahr einfluss auf die lehre und im
zweiten lehrjahr lief es mir aber deswegen so
gut, weil ich mich abgrenzen konnte. aber
jeden tag dachte ich daran. heimlich, keiner
sollte es sehen, dass ich litt. im wissen, dass
es nie wieder so sein würde, wie damals, dies
hatte ich noch nicht akzeptiert. es war für
mich aber auch schwer. doch je mehr
verantwortung ich bekam und je schwerer es
wurde, umso weniger zeit hatte ich, um
tagsüber darüber nachzudenken. wo ich aber
zeit um nachzudenken hatte, war in der
berufsschule, nein, nicht im bszu
(berufsschule zentrum uzwil), nein, uzwil

hatte eine eigene interne schule. ich muss heute noch den kopfschütteln. die lehrkraft hatte sowas von null ahnung vom beruf des metallbeabeiters. stattdessen hatten wir sexualkunde-unterricht. Ja, sie haben richtig gelesen. ist ja nicht so, dass wir dies in der schule gehabt hätten. dann kamen wir zum thema „sexueller missbrauch". genau das, was ich verdrängte und nur in meiner therapie darüber sprach. ich konnte mich null konzentrieren. all die bilder, sie kamen wieder hoch. ich konnte nicht mehr. ich musste raus, einfach weg. die narben, sie taten wieder weh. die lehrkraft brach den unterricht ab. aber verdammt nochmal, sowas geröhrt nicht in eine berufsschule. aber das war nicht das einzige, was damals komisch war. wir hatten in der berufsschule, eins-zu-eins genau das gleiche wie in der schule. ich dachte, das konnte nicht eurer ernst sein, vor allem da ich dies alles schon gelernt hatte. das führte dazu, dass ich mich zu tode langweilte und dann malte und bastelte. es ist mir fast schon peinlich, das zu schreiben, weil es einfach so peinlich war, oder so gesagt man hätte es sich sparen können. um das mal zu erklären; ich machte wenig bis gar nix und war trotzdem der beste schüler. ich war total unterfordert. im chilberg wäre dies, ohne witz, niveau erste klasse gewesen. vor allem lernten wir nichts über metall oder ähnliches was eigentlich der sinn gewesen wäre einer berufsschule. aber naja, wenn man halt keinen wert darauflegte, dass man die lehrlinge richtig ausbildete, konnte man ja nicht viel mehr erwarten. aber dazu später mehr. ich musste halt jedes mal in diese „berufsschule". es blieb mir ja nichts anderes übrig, aber nichts desto trotz hatte ich spass bei der arbeit, weil auf mich gesetzt wurde. man wollte mich fördern und ich hatte so richtig bock darauf. auch in der wg machten sich meine guten leistungen bemerkbar. immer wieder bekam ich lobende worte, was mir seit der schulzeit (chilberg) so fehlte. mein selbstvertrauen und mein selbstwertgefühl steigerte sich täglich. man merkte auch, dass ich älter wurde. oh mann, ich wurde älter. es wurde nämlich schon dezember. im vergleich zum letzten jahr, konnte ich es dieses jahr vielmehr geniessen, weil es eben so gut lief. die vorweihnachtliche stimmung - damals fiel noch viel schnee. ich merkte auch wie ich besinnlicher wurde. ob es am alter lag war egal, ich fühlte mich gut und nur dies zählte für mich. ich wollte es einfach nur geniessen, da war ich wieder ganz kind. ich liebte diese zeit. das kann ich nicht oft genug sagen. früher war es auch nicht so kommerz, wie es zum teil heute ist. aber vor allem freute ich mich auf die weihnachtsferien - mal abschalten. aber da gab es auch die dunkle seite. ich wurde dann immer nachdenklich und melancholisch. wenn es früh dunkel wurde, ging ich oft in flawil umher, um immer beim vorbei gehen durch die fenster in die häuser zu sehen. ich sah eine glückliche familie, die zusammen um den weihnachtsbaum sassen. teils waren die kinder geschätzt in meinem alter. mann, es könnte so schön sein, wir als familie zusammen glücklich sein. konnte es denn so schwer sein? was mich am meisten traurig machte, dass ich dies nie mehr haben würde, nie wieder, nie mehr `ne familie, die zusammen glücklich war. aber ich freute mich für all die familien, die das glück hatten. „behütet es und seid jeden tag dankbar dafür!"

ich war es, als es auf den 31.12. zu ging, wurde mir etwas bewusst, in einem halben jahr würde ich 18 jahre alt. alter, 18 jahre alt, wie sich das wohl anfühlte? plötzlich so viel freiheit, noch wusste ich nicht, wie sich das anfühlte. im november hatte ich mich wieder für das top talent camp in frutigen beworben und bekam noch vor weihnachten die bestätigung, dass ich wieder dabei sein werde. diesmal aber als goalie, weil ich ins tor gewechselt hatte. ich fühlte mich da wohl. das erste war ich mal im tor, als wir mit der mannschaft im trainingslager waren in widnau. der torhüter hatte keine zeit, um ins tor zu gehen. so meldete ich mich einfach just for fun und - mann oh mann, hatte das spass gemacht. ich hatte meine position. leider hatte es dann keinen platz mehr für mich, weshalb ich zum uhc black-barrons wil wechselte, in die 4. liga kleinfeld, zweite mannschaft. mein grösster erfolg bei united toggenburg war der cupsieg gegen frauenfeld. ich bin united sehr dankbar für diese zeit. mein erster transfer meiner unihockey karriere, und es sollte nicht der letzte sein, aber das ist stoff für ein weiteres buch, das als „spin-off" erscheinen wird. zurück zur story, es war januar 2008. dieses jahr würde ich 18 sein. richtig vorstellen konnte ich es mir immer noch nicht. zudem würde ich auch in diesem jahr meine zweijährige lehre im august hoffentlich abschliessen. aber was dann? im buecherwäldli bleiben? oder sollte ich mich anderswo bewerben? ich könnte dann frei wählen, war ich ja dann schon 18 jährig. ich wollte nicht, musste mir aber diese gedanken machen. zudem hatte sich in den letzten monaten herauskristallisiert, dass ich nach beenden der lehre die wg wilma verlassen musste - und dann? lehre abgeschlossen und dann mit 18 auf der strasse leben? Nein, nein, soweit würde es schon nicht kommen. die wg wilma zieht um, da wäre es für mich echt unpraktisch. zudem musste ich den nächsten schritt machen, den schritt in richtung eigenes leben. im februar wurde ich zu einem info abend ins buecherwäldli uzwil eingeladen. ich wollte nicht, musste aber hin, weil es angeblich für mich wichtig war. so ging ich in die mensa, wo der info abend stattfand, zusammen mit einem leiter der wg. es wurde bekannt gegeben, dass in uzwil eine neue wg gegründet würde. in einem wohnblock, der neu gebaut würde, eine 7-zimmer-wohnung mit zwei badezimmern und terrasse, parterre mit lift, top modern, name der wg war: „zahnershueb". zielpublikum waren junge leute, die gerade mit der lehre fertig wurden und das ziel hatten, irgendwann alleine zu wohnen, bzw. eine eigene wohnung zu haben. die leiter würden über nacht nicht in der wg schlafen und nur jeweils am mittwoch in der wg sein. die bewohner würden so sechs tage pro woche alleine sein und selber kochen und putzten und so weiter. ich war begeistert von diesem konzept, fast zu schön, um wahr zu sein. dazu aber später mehr.

„christian, du wärst unser erster bewohner dieser neuen wg." „äh was, wie, wer ich?" schaute ich fragend. „ja du, du hast dich gut entwickelt und bist bereit, den nächsten schritt zu tun." wow, ich als erster bewohner? „ähm ja, sehr gerne, wann kann ich einziehen?"ich war sofort feuer und flamme dafür. auch wenn mir die wg wilma viel gebracht hatte, musste man halt am schluss schon zugeben, dass ich für das konzept der wg wilma einfach zu jung war mit meinen 16-17 jahren. mir fehlten beziehungen zu anderen jugendlichen eben doch. meine bezugsperson versuchte mich zwar noch in einem jugendtreff unter zu bringen, aber das war ein flop. ich war zwar mit der bezugsperson im jugendtreff, aber das hatte nicht geklappt. ich kannte keinen und zu dieser zeit war es für mich sowieso schwer, wildfremde menschen kennenzulernen. in der gleiche firma ok - kein ding, aber jugendtreff? `ne - gibt es die eigentlich heute noch? allgemein war ich als jugendlicher nicht gerne im ausgang. ich verstand den sinn nicht, sich komplett zu besaufen. das geld sparte ich lieber und alkohol hatte mir noch nie viel gesagt. klar trank auch ich bier und spirituosen, aber alles mit einem gesunden mass, mit gesundem menschenverstand. das, was der jugend heutzutage eben fehlt. sie denken nur an sich und die anderen sind ihnen egal. auch wenn ich es zu jener zeit nie so gesagt hätte, aber jetzt, mit 30ig verstehe ich total, wieso ältere sagen "verlorene jugend". viele junge übertreiben es. viele, weil ich nicht alle in den gleichen topf werfen möchte. klar, ich war auch kein lamm, aber ich wusste immer noch wie man sich benimmt und respekt gegenüber älteren menschen hatte. aber heute wird gepöbelt, sinnloses koma saufen, schlägereien, aber natürlich sind immer die andere schuld, aber die anderen sind die, die es zu etwas gebracht haben und nicht zum zweiten mal die lehre abgebrochen haben. aber hey, zurück zum buch.

wenige wochen später bekam ich die zustimmung zur wg, eigentlich war dies nur noch eine formsache. die wochen vergingen. in der lehre ging es fast von alleine. ich hatte spass, auch wenn ich zuerst mühe hatte mit dem beruf, gefiel er mir immer besser. ich freute mich jeden tag, vorallem weil auch die vorfreude auf die neue wg gross war. im august, nach der lehre könnte ich einziehen, weil ich schon eine feste anstellung auf sicher hatte. alles lief super auch im förderprogramm. ich hatte mich für höhere aufgaben empfohlen. bei einer festanstellung würde mir ein gehalt von chf 530 brutto und 480 netto winken. plus im b-kader der externen eine zusätzliche prämie - mehr als lohnenswert. zudem würde ich als erster mitarbeiter den neuen standort des buecherwäldli in oberbüren eröffnen. nur wenige hatten diese ehre. ich durfte mir schon mal ein bild davon machen. der neue standort war im zünd-gebäude bei der autobahn, einem industrie gebäude. im externen bekam ich ein sehr verlockendes angebot, dass ich nicht ausschlagen konnte. aber der reihe nach. ich war gerade beim arbeiten, als ich besuch bekam von leuten des förderprogramms „externe arbeiten". „christian – hallo, mein name ist albin, ich bin vom förderprogramm „externe einsätze". wir haben deine leistungen während des zweiten lehrjahres und deine erstes erfahrungen bei externen einsätzen genau beobachtet und sehen da ein grosses potenzial. ich möchte dich fragen, ob du lust hast auf einen längeren externen einsatz? wir haben ein angebot der firma benninger ag in uzwil vis à vis der bühler ag, als logistiker im wareneingang. du würdest die importe aus china und japan in empfang nehmen und verarbeiten. natürlich zu einem besseren lohn und spesen von chf 18 pro tag? was meinst du?" „ähm – wow, was für ein angebot!" dachte ich mir und so sagte ich zu, weil mich die aufgabe reizte. schön, mal etwas anderes zu machen, aber vor allem weil mich damals das brüggli romanshorn nicht wollte, als ich als logistiker schnuppern war. „du würdest den ganzen tag bei benninger sein." ich sagte sofort zu. sogleich ging es zu benninger ag zur warenannahme. chef war ein türke, ein super sympathischer typ mit zwei anderen mitarbeitern von benninger. mir wurde die arbeit erklärt und spontan bekam ich einen probe-arbeitstag. kurz darauf hatte ich den job. benninger hatte ein vorrecht auf mich. gab es arbeit, ging ich zu benninger. dort blühte ich richtig auf. ich holte alles aus mir heraus. innert kürzester zeit war ich bei benninger nicht mehr weg zu denken. ich kam und arbeitete selbstständig. zuerst die post verteilen, dann die importe aus china und japan in empfang nehmen, abbuchen, und weiterverarbeiten. ich hatte meinen traumjob, alles war so wunderbar. eigentlich alles super – eigentlich, denn plötzlich spürte ich schmerzen an meiner hand. denn ich musste hin und wieder in der metallbearbeitung arbeiten, aber je länger je mehr taten mir die hände weh, so sehr, dass ich zum arzt musste. er testete mich, `ne woche später kam die schock diagnose. Ich war allergisch auf kühlmittel. ein abbruch der lehre drohte und auch die festanstellung und mein platz in der neuen wg und der job bei benninger stand auf dem spiel. ich würde vor der dem nichts stehen. denn mit einer kühlmittel-allergie war es unmöglich meine lehre zu beenden. ich sass auf meinem bett in der wg, am boden zerstört. es war doch alles so super, leider würde die allergie für immer bleiben. ich war sauer auf mein leben. immer wenn ich mir mühe gab, wurde ich immer wieder brutal gestoppt. ich schaute aus dem fenster. es fing an zu regnen. alles war bereit für eine erfolgreiche zukunft. ich ging übers wochenende nach dussnang. ich brauchte ruhe und abstand, wollte weg von allem. so ging ich am samstag in den chilbergerwald oberhalb der schule chilberg. ich lief einfach ziellos über stock und stein. was war aus dieser zeit geworden? ich war doch so weit oben und jetzt wieder zurück zum start, back to the roots? aber im negativen, so durfte es einfach nicht enden. ich war jetzt ausser mir! sinnbildlich stand ich bei einer kreuzung. ein weg ging nach oberwangen, der andere zurück nach dussnang. oder anders gesagt, kämpfen oder liegen bleiben? wofür lohnte es sich zu kämpfen, wenn einem sowieso alles wieder genommen würde? ich hatte keine lust mehr darauf. so wählte ich keinen weg, sondern ging rechts von der naturstrasse weg zu einem längst vergessenen baum an dem ich mir den kopf stiess, so sehr, dass ich zu boden fiel und am fuss eine art kiste spürte. oh mein gott - stimmt ja, die hatte ich total vergessen. ich kramte sie raus und öffnete den deckel. zum vorschein kam eine art heft, ein heft von mir. da stand: „nur wer an das grosse glaubt, kann grosses erreichen!" ich hatte den spruch total vergessen. wie konnte ich nur so dumm sein und nicht mehr an mich glauben? bei wenig widerstand gleich den kopf einzuziehen, nein. ich blätterte auf die dritte seite. „nur wer mit sich im reinen ist, kann grosses erreichen!" unterschrieben von michel. bitte was – hä, das wusste ich gar nicht mehr. ich spürte seine anwesenheit, als wäre er in diesen moment hier. ich bekam ein schönes warmes gefühl. die sonne strahlte durch die schweigenden bäume und blätter auf mich. und so schrieb ich einen neuen spruch ins heft: „die vergangenheit ist der, wer wir in zukunft, aber in der gegenwart sind!" und unterschrieb mit chnuschti. ich legte das heft zu seite und schaute mir einen gegenstand an, den ich glaubte für immer verloren zu haben. eine kleine rote figur, die man zu einen auto verwandeln konnte, also wie transformers. diese figur hatte ich als kleines kind im chilberg verloren. ich packte alles wieder in die kiste und ging zu meinem elternhaus, in mein zimmer, nach längerer zeit war ich wieder mal bei meinen eltern zuhause. gerade noch fast am ziel und jetzt wieder am anfang. so als wäre ich gerade mit der schule fertig und habe keine lehrstelle gefunden. ich sah auf die wand, da hatte es kleber aus der bravo, links von meinem bett an der wand stand mein taufname christian kaufmann, daneben traveco. jaja, mein altes kinderzimmer, viel war es nicht was noch vorhanden war. ich lag ohne motivation auf meinem bett, spielte mit einem kleinen ball, schlug den ball immer wieder an die wand. nein, mein zimmer war nicht gross. ich bekam das kleinste aller zimmer. sogar mein jüngerer bruder hatte ein grösseres zimmer. dies sollte mal jemand verstehen, oder lag es daran, dass ich im internat war? ja gut, ich hatte damals zwei zimmer, zuhause eines für mich alleine, im internat eines zu zweit. das zeigte aber auch, dass ich mehr weg war von zuhause als zuhause - aber sei's drum. meine augen schweiften zum fenster durch das ich direkt zur grossen scheune und zum wald blickte. ich wusste nicht wirklich was machen, so ging ich zum restaurant brückenwaage in dussnang. den wirt und die wirtin kannte ich seit langem und besuchte die familie sprunger, die ich heute noch sehr schätze. danach ging ich noch zum fernsehturm. nein, der hiess nicht wirklich so, ich hatte den seit klein an so genannt. ach mann, es war nicht leicht, ich versank in selbstmitleid. obwohl ich wusste, dass ich alles gemacht hatte, was möglich war. dass ich diese allergie bekam, diese scheiss-ekzem, wie es hiess, war nicht meine schuld. ich machte mir selber vorwürfe. ich sah über ganz dussnang, mein dorf, indem ich aufgewachsen war. verdammt, so durfte es einfach nicht enden. doch mit dieser allergie konnte ich diese lehre, diesen beruf einfach nicht ausüben, zumal es immer schlimmer wurde. so sehr, dass ich am beiden händen offene wunden bekam, die bei jeder bewegung sehr schmerzten. abends musste ich mir die hände eincremen lassen, ja genau -eincremen lassen, weil wenn ich es selber machen würde, würde ich den juckreiz spüren und immer härter eincremen, was es nicht gerade besser macht. ich musste sogar mit weissen stoff-handschuhen arbeiten. sonntags war ich, im übertragenden sinne, damit beschäftigt, meine wunden zu lecken. abends musste ich wieder zurück zur wg. aber grosse erwartungen hatte ich nicht. was sollte denn schon gross passieren, die lehre war futsch, aber die leiter bestanden darauf. jaja, ich hatte ja noch meine sachen in der wg. die müsste ich ja noch abholen und danach weiterschauen. ich wollte mit keinem reden und schon wieder frass ich es in mich hinein, weil mich sowieso keiner verstand. so ging ich ohne allzu grosse motivation zurück zur wg. dort angekommen, war alles überraschend normal. ich wurde begrüsst. um 18:00 uhr gab es nachtessen. nichts von „mein zimmer räumen", aber ich dachte, das wird noch kommen. am montag musste ich nochmals zur bude gehen, aber wozu? ich konnte ja nicht mehr in meinem beruf arbeiten. als hätte ich es geahnt, musste ich ins büro des bereichsleiters, wie zu beginn meiner lehre. „hallo, wir haben den labor-befund auch bekommen und leider kannst du deswegen deine lehre nicht mehr beenden." ich schaute aus dem fenster. genau das hatte ich befürchtet. „gut, dann hole ich mal meine sachen aus dem spind und bringe nachher den schlüssel." ich stand auf und … „halt, wo willst du denn ihn? soweit ich weiss, hast du noch einen vertrag bei uns. wir haben uns etwas überlegt." ich war völlig baff. ich dachte, das war's für mich. ich setzte mich. „da du wegen deiner allergie nicht mehr in der metallbearbeitung arbeiten kannst, haben wir uns etwas überlegt. du weisst ja, dass du nach der lehre, eine festanstellung in der neuen abteilung in oberbüren bekommst, dies ziehen wir jetzt vor. wir eröffnen die neue abteilung früher als geplant. du arbeitest ab sofort in oberbüren, bis zum ende der lehre mit dem lehrlings-vertrag und ab august mit einem festanstellungs-vertrag mit dem genannten gehalt. du bist weiterhin im c-kader der externen einsätze und bei der benninger ag. ach ja, und du wirst ende august in der neuen wg zahnershueb einziehen du hast dich im letzten halbjahr echt gut gemacht und wir wollten dich nicht einfach so hängen lassen." ich hörte nur noch zu, war freudig und verwirrt zu gleich. das buecherwäldli liess mich nicht hängen. obwohl ich meine lehre nicht beenden konnte, boten sie mir alles trotzdem an, das war keine selbstverständlichkeit. alle angebote waren an eine bedingung geknüpft, dass ich eben meine lehre beenden würde. aber man konnte das mit der allergie nicht voraussehen. ich dachte, ich stand vor dem nichts. „wow, ich weiss gar nicht was ich sagen soll. wow, das ist - mann - oh mein gott, vielen herzlichen dank, nein, tausend dank, das ist unglaublich!" mir kamen die tränen, noch nie hatte, nebst michel, jemand je so sehr zu mir gehalten mit ausnahme der familie. „du kannst deine lehre zwar nicht in der mechanik, aber du wirst sie in der neuen abteilung beenden. du hast es dir mehr als verdient." ich musste zuerst tief durchatmen, konnte mich aber wieder fangen, es war echt krass, eine achterbahn der gefühle, zuerst am boden zerstört, dann wieder aufgestanden und jetzt sowas, es war surreal aber wahr. ich ging in meine alte abteilung und verabschiede mich noch. irgendwie war es wie damals im chilberg, als ich ein jahr früher verabschiedet wurde, obwohl ich noch ein jahr in die schule im chilberg ging. aber normal würde es bei mir wohl nie enden. danach ging ich zur neuen abteilung, die eben eröffnet wurde, in oberbüren, im zünd gebäude, mit ein paar anderen, die nun auch in dieser abteilung arbeiten würden, darunter auch garcia. cool, das wusste ich nicht, so arbeitete ich mich ein. es war `ne industrie abteilung mit klein und gross montagen. `ne woche später konnte ich auch wieder zu benninger. woche für woche arbeitete ich bei benninger. ich konnte mein ganzes potenzial ausschöpfen und zeigte was ihn mir steckte. meine hände wurde besser, die wunden verschwanden, auch dank der medizin, aber auch weil ich nun nicht mehr mit kühlmittel zu tun hatte. jeden tag hatte ich freude zur arbeit zu gehen. so wurde es juni und mir wurde immer mehr bewusst, dass ich ihn wenigen tagen meinen 18ten geburtstag feiern würde und dann endlich frei sein werde. mehr und mehr wurde es mir auch bewusst, dass ich dann alles machen könnte, was ich möchte, ohne zu fragen: „darf ich das? ist es so richtig?" aber vor allem war ich dann frei. in 10 tagen war es soweit, dann begann ein neues leben. aber wie würde ich es feiern? man wird nur einmal 18. ich überlegte die ganze zeit bis ich mir sagte:"ach egal, ich lass es auf mich zu kommen." am 25.06.08 würde es soweit sein. meine arbeit ging wie von selbst. bei benninger lief es sogar so gut, dass ich eine festanstellung bei der firma benninger in aussicht hatte. in der familie hatte sich die lage wieder einigermassen beruhigt, auch weil man sich daran gewöhnt hatte. ich hatte auch wieder häufier kontakt. ja, meine eltern waren geschieden, aber das musste ich nun einfach akzeptieren. ihnen ging es auch besser, es lief also gut. meine lehre endete in einen monat. noch nicht fertig war meine therapie in frauenfeld, aber ich machte grosse fortschritte. ich konnte meinen missbrauch so gut wie es ging verarbeiten. aber seit der wanderung flawil - bregenz, hatte ich weniger alpträume in der nacht, mir ging's gut aber nur äusserlich. denn was niemand sah war, dass es mir gesundheitlich nicht gut ging. ich wollte es nicht zeigen, aber in mir machte sich etwas breit, kein gefühl,

kein schmerz, nein, es war etwas das mich
schwächte und zwar so richtig. alles war
doppelt schwer, aber ich hatte keine zeit, um
darauf zu achten. ich versuchte es zu
vertuschen, weil ich gerade drauf und dran
war, ein super leben aufzubauen. doch immer,
wenn ich alleine war, spürte ich es. es war
nichts psychisches, es war etwas
körperliches. aber ich durfte jetzt nicht
schlappmachen und so nahm ich heimlich
schmerzmittel, heimlich in meinem zimmer.
immer wieder wurde mir schwarz vor augen,
die schmerzmittel bekam ich immer von
einen kumpel, auch weil ich mir sagte, es
geht schon vorbei. schon damals ging ich
sehr ungern zum arzt oder ins spital.
vielleicht weil ich als kind zweimal ins spital
musste, einmal als kleinkind und dann als
kind. aber hey, ich war ein junge, ich schaffe
das schon. dass mir das eingeredet wurde,
muss ich wohl nicht erklären. aber es lief so
gut und dann muss man halt auch leiden
können. fünf tage vor meinem 18ten

geburtstag hatte ich ein angebot vom leiter des förderprogramms bekommen: ich könnte am samstag arbeiten, von 12:00 bis 18:00 uhr in der ikea in st.gallen winkeln, in der neu erbauten arena des fc st.gallen, ab ende juli, im kundendienst. ich musste nicht lange überlegen, klar wäre ich dabei. ikea `ne weltfirma, ich wäre dumm gewesen, dies abzulehnen. unter der woche bei benninger und am samstag in der ikea, aber ich wollte das so und wusste auf was ich mich einlies. ich wollte mehr arbeiten, weil ich mein potenzial ausschöpfen könnte und auch irgendwie musste. auf meinen körper hatte ich nicht gehört. einen tag vor meinem geburtstag, es war dienstag, war ich mit meinen eltern in einem bauernrestaurant in hurnen. das liegt zwischen wietzikon und wil sg auf einen hügel und war sehr zu empfehlen. eine party hatte ich nicht geplant, irgendwie passte das nicht zu mir, ich war halt schon immer bodenständig, lieber normal und einfach, als krass und teuer. aber ich war aufgeregt, vor allem war es echt komisch, da sass ich mit einem elternteil an einem tisch, (es war 18:00 uhr) noch darf es mir etwas sagen und sechs stunden später nicht mehr. aber so war es nun mal, aber genau sollte wollte ich es, etwas trinken mit einem elternteil, den wind in den haaren spüren und die abendstimmung geniessen. das war nie das problem bei meinen eltern, sie liessen uns echt viele freiheiten. dann war es soweit, punkt 00.00 uhr, 25.06.2008 war ich 18 jahre alt. volljährig, verdammt volljährig, als kind völlig unvorstellbar, aber doch jetzt tatsache und es fühlte sich gut an. plötzlich stand mir die ganze welt offen. keiner konnte mehr was sagen. ich war mein eigener chef. ich realisierte es erst als ich am morgen aufwachte und in der wg und auf der arbeit die ersten gratulationen bekam. eigentlich war der übergang gar nicht so schlimm wie ich dachte. war wohl eher die nervosität. als ich in die wg kam, wurde ich völlig überrascht, wie geil - die leiter hatten mich mit einer party völlig überrascht. wir tranken und assen und genossen den abend. ich bekam sogar geschenke, aber eigentlich war das grösste geschenk, dass ich den tag geniessen durfte. oft genug war dies nicht möglich. ich dachte aber auch an meine zwillingsschwester. sie wurde ja logischerweise ebenfalls 18. ihr hatte ich schon am morgen gratuliert, und bevor jemand fragt, ja - sie kam zuerst auf die welt, und fünf minuten später – ich. wenn ich so zurückdenke an diesen tag, muss ich schon zugeben, dass ich es mir nicht besser hätte vorstellen können. es war ein wunderschöner tag. am samstag feierten wir noch mit der familie. aber nach den feiern war ja vor den feiern, weil meine lehrabschlussprüfung stand bevor, aber warum feiern? naja, weil es die lap, die man kennt, so in meiner lehre nicht gab. es war mehr formsache als prüfung. zudem hätte ich sie sowieso nicht machen können, wegen meiner allergie. so kam dann auch der letzte tag der lehre, war achtung: ein ganz normaler tag. jetzt fragen sich viele, hä - warum das denn? also ich war schon aufgeregt, aber zum einen war ich sehr dankba, dass ich sie überhaupt zum abschluss bringen durfte und zum anderen konnte ich ja nicht in der mechanik arbeiten, weil naja, ihr wisst warum. aber alle lehrlinge, die ihren abschluss hatten, wurden zum lehrabschluss-essen eingeladen in der pizzeria luxenburg in niederuzwil. jeder durfte jemanden einladen. Das war für mich ein dilema, weil ich wollte kein elternteil bevorzugen. so hatte ich meine grossmutter (grosi) eingeladen. sie hatte mir anno dazumal das leben gerettet, als sie mich aus dem rollenden auto rauszog, kurz bevor es in einen grossen baum knallte. da war ich drei jahre alt. das war vor 15 jahren. es wurde ein lustiger abend, pizza soviel wir wollten und sogar bier gab es. sven, ebenfalls ein lehrling und ich tranken ein wenig über den durst. aber hey – verdient! ich hatte meine lehre beendet trotzt aller probleme, die es gab.

gleichzeitg trat mein neuer vertrag in kraft.
was aber auch bedeutete, dass ich aus der
wg wilma in die wg zahnershueb umziehen
würde. es kam der tag. viel hatte ich ja nicht
mitzunehmen, aber viele erinnerungen und
erfahrungen. in diesen zwei jahren war ich
gereift, gereift zu einem jungen erwachsenen.
auch wenn es für mich nicht immer einfach
war, weil ich der jüngste war, es war wertvoll.
aber bevor ich ging, sass ich auf meinem bett
und blickte zurück. das absolute highlight
war im mai dieses jahres. wir alle gingen für
`ne woche nach holland. wir wohnten auf
einem kleinen schiff. Es gab platz für 50
personen. wir waren geflogen mit der swiss,
einer meiner 24 flüge, die ich in meinen
ersten 30 jahren (jahrgang 1990) geflogen
war, nach amsterdam, da wartete eben
dieses schiff. ich fand holland ein sehr
schönes land, auch die sprache, absolut
genial. wir fuhren am tag mit dem schiff von
stadt zu stadt vorbei an tulpen und fluss
häusern, eine völlig neue welt für mich. ich

genoss den fahrtwind. schifffahrten hatten für mich etwas medidatives, nur das wasser und der wind. ich konnte abschalten. als wir jeweils am ziel ankamen war es meistens abend. wir erkundeten die stadt oder das dorf. dann war dort ein feiertag. die leute waren super drauf. da werliebte ich mich ein wenig in holland. ich werde sicher wieder mal herkommen. ich hatte auch die ehre, zusammen mit dem käptn` das schiff zusteuern. ja gut, zum glück gab es in holland keine eisberge. was es in holland auch nicht gab waren berge. noch nie hatte ich ein land gesehen, das so flach war. als wir nach fünf tagen wieder in amsterdam waren, lief ich alleine durch die stadt. plötzlich stand ich vor schaufenstern, die alle irgendwie rot leuchteten. es war schon abend. ich lief weiter, aber auf einmal waren da frauen, die naja - sehr freizügig waren. ich war verwirrt, hatte ich doch sowas vorher noch nie gesehen. eine ganze strasse lang, links und rechts nur solche schaufenster. als ich wieder beim schiff war, wurde mir dann erzählt was dies war. ich wurde rot. wie sollte ich denn wissen, dass dies das rotlicht-milieu von amsterdam war? ich sah das zum ersten mal, aber ich fand es lustig. am nächsten morgen reisten wir wieder zurück, der abschied tat auch weh, war es doch wunderschön und ein guter abschluss meiner lehre. während ich auf dem bett sass, lief mir eine träne hinunter. ich strich über mein bett. die träne tropfte auf mein bett. aber ich musste nun mutig nach vorne schauen. vor mir stand mein leben. viel zeit wollte ich nicht verlieren. ich nahm meine sachen, verabschiedete mich und ging in richtung meines neuen lebens. also ich wurde gefahren, weil ich keine autoprüfung hatte und sie auch nie machen würde, weil ich es einfach nicht wollte. damit hatte sich das für mich geklärt. konnte fahren wer wollte. ich würde nicht selber fahren. in der wg zahnershueb wurde ich von marco (dem gruppenleiter und meine bezugsperson) begrüsst. nach der einführung bekam ich mein zimmer, normale grösse, nichts besonderes, aber besser als in der wilma. für mich war es sowieso nur `ne zwischen-station. nur wusste dies niemand. ich lebte mich schnell ein, arbeitete weiter bei benniger in uzwil und ab und zu in oberbüren in der neuen industrie-abteilung. in der neue wg war ich der einzige mann unter drei frauen, der hahn im korb. nein, so fühlte ich mich nicht. mit der zeit wurde es jedoch immer seltsamer. die leiter waren immer mehr, in der wg als anfangs gesagt wurde. ich machte mein ding, erledigte meine aufgaben im haushalt und baute mir heimlich etwas auf. zwei monate später war es dann soweit, dass die leiter jeden tag in der wg waren. aha - das hiess also „nur am mittwoch"?! gut, ich blieb ruhig, nahm es an. bei der arbeit bei beninnger wurde ich zu einem wichtigen mitarbeiter in der warenannahme und ich genoss das vertrauen und wollte mich jeden tag verbessen. durch die externen einsätze verdiente ich auch mehr geld und sparte es.

länger je mehr vergass ich die wg wilma, der kontakt brach ab. klar, man sah sich hin und wieder mal. aber mein leben ging halt weiter und ich war ja auch nicht wirklich traurig darüber - es war halt so. dankbar, ja das war ich, aber mehr auch nicht. `ne woche später hatte ich sitzung mit meiner bezugsperson. marco sagte, ich hätte mich gut eingelebt und ich sei ein „guter junge", der noch sein ganzes leben vor sich hätte. ich hörte bloss zu und nickte. „christian, so wie wir das sehen, wirst du zwei jahre hierbleiben. wir glauben, du bist noch nicht bereit `ne eigene wohnung zu haben." jaja, dachte ich mir so, wenn die wüssten, dass ich schon seit einiger zeit daran arbeite alleine zu wohnen, heimlich und mit einer klaren strategie. oh mann, was glaubten die denn, es wurde dezember und ich verbrachte die zeit auch wieder in der wg. aber für mich war ganz klar, es würden meine letzten weihnachten in einer wg sein. die lage hatte sich nicht verbessert, viele versprechungen wurden nicht eingehalten.

dazu später aber mehr. als ich bei der arbeit war, kam der chef der firma benninger vorbei und sagte zu einer scheinbar wichtigen person: „wir müssen schauen, dass wir ihn übernehmen können." damit meinte er mich. mich machte das stolz und ich gab mir noch mehr mühe. ich war jeden tag motiviert und am samstag arbeitete ich bei ikea im kundendienst. für mich war das kein problem, das ich nur sonntags frei hatte, denn für meinen plan war dies perfekt. auch an diesem samstag ging ich wieder zu ikea. um 11:00 uhr war ich beim mitarbeiter-eingang, ging zur mitarbeiter-garderobe. ja, ich hatte meinen eigenen spind und ich bekam sogar die ikea-kleider und badge. ich zog mich um und ging danach in die cafeteria für mitarbeiter. bei ikea war es üblich mit allen per du zu sein. so grüsste man sich immer: „hey, wie gohts?" oder „schön, dass du da bist!" ein schönes gefühl. in der cafeteria konnte man für chf 5 so viel essen, wie man wollte. ja, kein witz. nach dem essen musste ich noch für, naja, ihr wisst schon was ich meine. nach dem besuch des stillen örtchens ging ich zum kundendienst und begann meine schicht. sie bestand darin, für die fragen und probleme der kunde da zu sein und bestellungen zu bearbeiten. so ging das bis ich um 18:00 uhr feierabend hatte. von den anderen mitarbeitern wurde ich gut aufgenommen. jeder brachte mal was mit, kuchen oder kekse. ob dies heute noch so ist - keine ahnung? auch ich brachte mal was mit. nach der arbeit konnte ich jeweils die arbeitskleider mit nachhause nehme. die kleider bestanden aus zwei poloshirts, zwei hosen und einem pullover. als ich vor der ikea beim stadion vorbeiging, hörte ich die fans des fc st.gallen. irgendwann möchte ich auch mal beim fscg arbeiten, dachte ich mir. (kleiner spoiler: heute arbeite ich seit 2018 beim fscg als staff mitarbeiter) damals hatte ich mir dies zum ziel gesetzt. und man sieht wieder mal, wer an seine träume und an sich glaubt, kann alles erreichen, egal was nichtskönner sagen. geh verdammt nochmal deinen weg und verfolge deine ziele. alles andere ist nicht relevant, solange du daran glaubst, dass du es schaffen kannst. so ging ich zum bahnhof und fuhr nach uzwil. ich meldete mich wieder für top talent camp von swiss unihockey an, doch diesmal würde es in zuchwil stattfinden. ausserdem traf ich meinen freund garcia, also besser gesagt, ich besuchte ihn jetzt öfter. er wohnte schon alleine und so konnte ich aus der wg flüchten. wir unterhielten uns über gott und die welt. irgendwann kamen wir wieder auf das thema tattoo zu sprechen, wie vor einem jahr. doch der anstoss kam diesmal von mir. ich wollte irgendeine erinnerung an meine ehemalige lehrerin frau maag. ohne sie wäre ich nie soweit gekommen. wir diskutierten und irgendwann kam mir mein spitzname „chnuschti" in den sinn. wieso nicht den tätowieren lassen? frau maag gab mir anno dazumal diesen spitznamen und ich hatte den immer mit ihr verbunden. garcia fand es lustig. ja natürlich war auch klar, wo ich mein tattoo stechen lassen würde. bound-art daniel schenk - garcia kannte ihn und so kam der kontakt zu stande. wir vereinbarten einen termin, der termin war aber erst in ein paar monaten, da er zurzeit ziemlich ausgebucht war. naja, kein problem. „na, was hatte ich dir gesagt, hatte ich recht oder hatte ich recht?" „ja garcia, du hattest recht." aber für mich war es wie normal. mit der zeit hörte ich dann immer von anderen: „öh, das ist schrumplig wenn du alt bist." oder „das bleibt denn aber für immer." oder „hä chnuschti? ist doch so sinnlos." also erstens lebte ich im hier und jetzt und nicht in der weiteren zukunft. zweites, ähm ja, das es für immer bliebe war irgendwie auch der sinn eines tattoos und drittens, es musste nicht euch gefallen sondern mir und für mich hat dieses tattoo eine grosse bedeutung. aber ich fand mich damit ab, dass es leute gab, die schlecht darüber redeten. sollten sie doch, wenn bitte juckte das? mich nicht, hatte mich noch nie gejuckt, im gegenteil, dann machte ich es erst recht - mein leben, mein körper, wie auch meine entscheidung.

in der wg hatte ich zunehmend die schnauze voll. immer mehr wurde die freiheit der bewohner eingeschränkt. es kam soweit, dass ich immer öfter fernblieb. aber das grösste war, dass mir mit 18 gesagt wurde, wann ich zuhause sein musste und sogar wann ich ins bett gehen musste. ich fühlte mich immer stärker bevormundet. verdammt, ich war 18, volljährig, urteilsfähig, aber das wurde nicht gesehen. es wurde nicht jeder einzelne für sich angeschaut, sondern nach dem prinzip gehandelt: „kann es der nicht, dann kann es der andere auch nicht!" das ging soweit, dass ich einfach genug hatte und die reissleine zog. ich schlug mit der faust auf den tisch: „so, ich möchte jetzt alleine wohnen!" und das war wohl so deutlich, dass mir nicht widersprochen wurde. ich war mir zu 1000% sicher. so suchte ich `ne wohnung. ich schaute wohnungen in flawil, uzwil und niederuzwil an. auch die idee nach dussnang zurückzukehren stand, aber die verwarf ich ziemlich schnell, weil es noch zu früh war, es war ende juli und ich besichtigte eine wohnung an der ergetenstrasse 4 in niederuzwil, in einem nach amerikanische stil gebauten wohnblock. eine 3.5 zimmer wohnung mit balkon, die mir sehr gefiel. ich war alleine, ich wollte es alleine machen. einige tage später hatte ich die wohnung und konnte ende august einziehen. die kaution wurde überwiesen und so hatte ich mein ziel erreicht. noch ein jahr in der wg zahnershueb wäre für mich und mein leben, der völlige falsche ort gewesen, aber das sahen die leiter nicht so. (bewohner und leiter hiessen anders, ich verwende bewusst andere namen) ich muss es nun loswerden, auch weil es diese wg nicht mehr gibt. was hattet ihr denn gedacht, zuerst hiess es ja, die leiter würden nur jeweils am mittwoch in der wg sein. gelogen, weil dann kamen sie jeden tag und blieben den ganzen abend. auch fragte ich mich: es hiess, es wäre `ne wg für junge leute, die das ziel hätten alleine zu wohnen. dann fragte ich mich aber, was hatte maria, `ne 60 jährige in diese wg zu suchen? oder tom, ein mitte 30ig jähriger, der sich alles erlauben durfte und durch eine leiterin geschützt wurde. der nie duschte und noch nie etwas von hygiene gehört hatte. er hatte sein zimmer direkt neben meinem. ich musste immer an seiner türe vorbei und alter, ein saustall riecht besser, als er und sein zimmer. nie putzte er seine zähne oder wechselte er seine wäsche. Er trug jeden tag das gleiche. wenn man sich beschwerte war er nie schuld. nein, immer der, der sich zu recht beschwerte. dann war da noch molly, die psychisch mehr angeschlagen war als einer, der in wil in einer geschlossenen abteilung ist und zudem massiv selbstmord gefährdet war. klar, war ich mit 18 der jüngste, aber scheinbar auch der einzige der normal denken konnte und trotz allem ein klares ziel hatte. ein kleiner tip: wenn man eine solche wg eröffnet, sollte man auch junge bewohner nehmen, die zusammenpassen. so wie ich erfuhr, war ich der einzige von damals, der alleine wohnte, alle andere hatten es nicht geschafft, welch ein wunder. lieber leiter, wie war das nochmals? ich würde es schwer haben mal alleine zu wohnen? und eher würde tom alleine wohnen? na, wo ist der tom - mhh?? ach ja, in einer 24/7 betreuung. das hier ist keine rache, sondern einfach `ne klarstellung. ihr wolltet mich kontrollieren, mir meine freiheit nehmen, dass dies `ne schlechte idee war, haben schon so einige gemerkt. heute wohne ich schon seit 12 jahren alleine und sage sogar, dass die wg zahnershueb völlig unnötig war und für mich nur mittel zum zweck war, oder glaubt ihr wirklich, ich nahm das ganze ernst? ich ging nur in die zahnershueb, um davon abzulenken, dass ich schon lange daran arbeitete alleine zu wohnen. zahnershueb war für mich nur zeitvertrieb. das klingt hart, ist aber so. auch weil es mir früh klar wurde, dass ich hier nicht weiterkäme. denn es war mit der zeit wie die wg wilma nur mit anderen bewohnern und anderer adresse. hingegen machte die wg wilma wirklich sinn und brachte mir sehr viel. nehmt es mir nicht übel, es ist nur meine ehrliche meinung. wenn jetzt jemand kommt, der zu dieser zeit nicht im buecherwäldil war, sollte er es gleich sein lassen, denn es war `ne andere zeit. heute ist mir das sowas von egal. ich kann darüber lachen und nein, es ist auch nichts gegen das buecherwäldli, in dem ich immer noch arbeite. damals war das wirklich so auf einer wg. heute ist dies völlig anders und das buecherwäldli ist ein toller ort zum wohnen und arbeiten. ich bin dieser firma sehr dankbar, aber dennoch möchte ich meine meinung sagen, auch wenn es nicht jedem passt. aber eben, wenn man zur jener zeit nicht in der firma war, sollte man gleich die klappe halten. auch vorallem weil es privat war, für mich ist die sache heute abgeschlossen und vergeben. die leiter arbeiten auch nicht mehr im buecherwäldli. es ist keine rache. mir sind diese leute heutzutage echt egal. wie gesagt, die wg gibt es nicht mehr, das konzept hinter der wg zahnershueb war auch genial, nur hatte man die falschen bewohner. die absichten waren gut, es ist einfach so wie ich es empfunden habe, so wie ich es erlebt habe. aber ich war auch nicht einfach, weil ich eben halt auch ein ehrlicher mensch bin, und auch kein blatt vor dem mund nahm. aber einen 18 jährigen bevormunden und seine freiheit nehmen, kann ja auch nicht wirklich die beste idee sein. aber ich wünsche jedem, der mit dieser wg zu tun hatte, alles gute.

vor dem zügel-tag ging ich an einem samstag nach der arbeit bei ikea in den media markt. bis anhin hatte ich nur ein altes handy und seit neuem gab es smartphone und ich interessierte mich sehr dafür. ich wusste, was die können und ich hatte schon ein ipod von apple und somit war es klar, dass ich mir ein iphone holte. das erste mal mit abo. so ging

ich in den laden und liess mich beraten. nach einer guten stunde unterschieb ich meinen ersten abo vertrag und bei wem wohl? echt? natürlich bei swisscom, ohne witz, ich war schon immer ein swisscom kind und somit war ich der erste, der gesamten familie, der ein smartphone hatte. die leute, die dann gesagt hatten: „wer braucht denn so ein streichel-handy?" oder „viel zu teuer!" waren genau die, welche ein jahr später auch ein smartphone geholt haben. aber hey, voll nice und ich war sozusagen ein vorreiter und wegen dem „zu teuer" ähm - heute sind die smartphones viel teuer, aber gut, dies wusste ja früher keiner. somit bleibt der media markt in st.gallen winkeln, der ort, an dem ich mir mein erstes smartphone gekauft habe - liebe grüsse. ach ja, das smartphone war ein iphone 3, eines sei schon mal gesagt, es sollte nicht mein letztes gewesen sein.
als ich die zusage bekam, für meine erste wohnung, ging alles sehr schnell. ich bekam den schlüssel und ich bekam möbel von

meiner familie und verwandten, einen fernseher aus meiner kindheit, einen phillips in schwarz, der hinten noch einen bauch hatte. die couch aus meinem kinderzimmer bekam ich auch noch. ein doppelbett und den kleiderschrank kaufte ich mir selber, natürlich bei ikea, mit mitarbeiter-rabatt. ich freute mich riesig darauf, was leider zur folge hatte, dass ich in der wg alles schleifen liess, sehr zum ärger der leiter. aber egal wie sehr sie sich auch aufregten, sie konnten nichts mehr machen, denn ich hatte den ersten mietvertrag unterschrieben. ich bekam den schlüssel einen tag vor dem umzug und ich wollte so schnell wie möglich in meiner wohnung schlafen. so ging ich in die landi und kaufte mir eine luftmatratze und ging damit in meine leere wohnung, völlig leer. als ich in der wohnung war, ging ich zu denner und kaufte ein. danach ging ich wieder zurück und genoss den ersten abend, blies die matratze auf und stellte sie ins schlafzimmer. anschliessend kochte mir etwas, also äh - ich schob mir `ne fertig-pizza in den backofen. ich hatte `nen klappstuhl mitgenommen und ein radio. als die pizza fertig war, setzte ich mich mit dem klappstuhl auf den balkon und genoss den abend. so gegen 23:00 uhr ging ich schlafen und so wurde diese „traditions-nacht" geboren, und ohne witz, dieses ritual zog ich bei jeder neuen wohnung durch. das heisst, die nacht vor dem zügelttag, schlief ich mit nur einer matratze in der wohnung. das muss niemand verstehen, es ist eine tribut an meine ersten wohnung und auch an meinen start bei null. auch dass man glücklich sein muss, dass man privilegiert ist und es leider menschen gibt die nicht mal ein dach über dem kopf haben oder `ne matratze. am morgen ging ich zum letzten mal zur wg, nahm mein zeug, viel war es logischerweise ja nicht. den umzug organisierte ich privat. nach einem langen umzug tag, setzte ich mich in den grauen sessel und mein einziger gedanke war: „we dit it!" ich hatte es geschafft, ich hatte es geschafft! ich bekam mein willen, habe mein ziel erreicht, egal wie schwer es wurde, egal wer sich mir in den weg stellte und auch das virus konnte mich nicht stoppen. klar, ich sprang ins kalte wasser, aber ich wusste ganz klar, dass es der richtige weg war.

das war mein zweiter teil meiner biografie, die fortsetzung von „chilberg - meine kindheit". ich kann auch schon bekannt geben, dass es einen dritten und vierten teil geben wird sowie ein spin-off zum diesen buch.

ich möchte mich aber erst für den ganzen support bedanken. es ist für mich unglaublich, bis zur vierten klasse konnte ich weder lesen noch schreiben und deswegen ist es für mich krass, schon das dritte buch geschrieben zu haben. aber ihr leser macht aus einem buch ein unglaubliches buch. nie hätte ich gedacht, dass ich jemals so weit sein würde, dass sich menschen meine bücher kaufen. es ist für mich nicht selbstverständlich, dafür möchte ich mich als buchautor, aber vor allem als mensch, bedanken.

presseanfragen
chrizzalive@gmail.com

instagram @cj_kaufmann_autor

autorwebsite
https://chrizzalive.jimdo.com/

danke an
rené mühlethaler
mein mentor

Impressum

ChrizzAlive©

Cj Kaufmann©

2020

Schweiz

Herstellung und Verlag: BoD – Books on Demand, Norderstedt

ISBN: 978-3-7557-1480-4

Label

ChrizzAlive© ist Herausgeber seiner Bücher
Inhaber des Labels ist Cj Kaufmann

ChrizzAlive© ist Tätig in

Book & Movie

Instagram Cj_kaufmann_Official
Youtube   ChrizzAlive

Autorenwebsite
https://chrizzalive.jimdo.com/

teaser
(biografie teil 3)

„jetzt ist fertig, es reicht. es endet hier und jetzt. du hattest viele chancen und sie immer wieder weggeworfen!" ich schaute zu ihm und konnte es nicht glauben. jetzt war es doch passiert, wie sollte es jetzt weitergehen? wie konnte ich den nur so dumm sein? was passiert jetzt mit meiner zukunft, mit meiner freiheit?

ChrizzAlive©
Cj Kaufmann©